Raccontini simpatici

A reader for advanced beginning Italian students

Liliana Briefel

Mc Graw Hill **Glencoe**

New York, New York   Columbus, Ohio   Chicago, Illinois   Peoria, Illinois   Woodland Hills, California

The publisher would like to thank Sentieri, Inc., for its contributions to this edition.

Cover design: Lisa Buckley
Interior design: Lucy Lesiak
Interior illustrations: Andrew Grossman, the Toos Studio

 **Glencoe**

The **McGraw·Hill** Companies

Send all Inquiries to:
Glencoe/McGraw -Hill
8787 Orion Place
Columbus, OH 43240

ISBN :   0-658 -00544 -8
Printed in the United States of America
2 3 4 5 6 7 8 9 10   117   08 07 06 05 04

✍ Contents ✑

ᦞ Introduction ᦫ

Raccontini simpatici is an introductory reader for advanced beginning students of Italian. The twenty-seven humorous short stories use simple, yet authentic and natural language to deal with a variety of comical situations. Although the situations are often satirical and a bit farfetched, the topics themselves—such as learning languages, eating out, going to the doctor, studying, and traveling—are ones that are traditionally featured in basal texts. By providing imaginative situations sprinkled with humor, these stories will help students strengthen their own communication skills and thus bolster their self-confidence when they speak Italian. Because they are short stories, all can be read well within one class period.

Each story starts with a **prereading** activity that encourages students to use their prior knowledge and critical thinking skills to make their own special connection to the story. Lively classroom discussions can result from these **Prima di leggere** activities. Each reading is followed by comprehension exercises that check students' understanding. Students answer objective questions based on what they have just read, and might also have to complete multiple-choice questions or determine if statements are true or false, correcting the false information. The **Comprensione** section ends with **E tu?,** so everyone has a chance to express his or her opinion. Following this, there are exercises that focus on the vocabulary, verbs, and structures used in the stories. For example, students might identify cognates, synonyms, or antonyms in the **Vocabolario** section; supply the correct verb form in the **Verbi** section; or choose the right preposition, possessive adjective, or idiom in the **Struttura** section. High-frequency vocabulary and expressions are used throughout to facilitate comprehension, and the more difficult terms have been glossed on the page, defined in English, and then included, along with other words, in the vocabulary list at the back of the book. A whimsical illustration accompanies each story and adds to the humor and meaning of the text.

Students might enjoy role-playing these stories for the rest of the class or for a smaller group. If they do, not only will the "actors" refine their interpretive reading skills, but their audience will strengthen its listening skills. Having students listen to the stories on an audiocassette that is available will also polish listening skills. Each story has been recorded and is read by native speakers.

Raccontini simpatici is the perfect complement to any basal text for advanced beginners and is the ideal addition to your Italian class. Students will enjoy reading these engaging stories as they move toward mastery of the structures needed for self-expression in Italian. Teachers will appreciate the book's flexible organization that lets them select stories in any order to reinforce topics or structures being studied or reviewed in class.

1.
Una lingua straniera

PRIMA DI LEGGERE: *Perché studi l'italiano?*
Ti piace? Conosci altre lingue? Quali?

Fido ha due anni. È il cane più intelligente di
Roma. Il primo giorno di scuola° esce di casa
alle otto di mattina. Desidera arrivare presto° a
scuola. È un cane molto ambizioso.° La madre
5 chiede al figlio:
"A che ora ritorni oggi, cucciolo° mio?"
"Ritorno a casa subito dopo la scuola, <u>all'una</u>,"
risponde Fido; saluta la madre e va a scuola.

scuola school
presto early
ambizioso ambitious

cucciolo puppy

Mentre Fido è a scuola, la mamma, che
10 s'interessa molto all'istruzione° del figlio, guarda **istruzione** education
di tanto in tanto l'orologio.

A mezzogiorno e mezzo apre la finestra ed
aspetta al balcone il ritorno del figlio.

All'una in punto° Fido arriva davanti al **All'una in punto** At
15 portone. Entra, corre su per le scale e trova la one o'clock sharp
madre davanti alla porta di casa.

"Buon giorno, Fido!"

"Miao, miao!" dice Fido, imitando un gatto.

"Ma che dici, Fido mio?" chiede la madre.

20 "Perché imiti un gatto? Non sai più abbaiare° **abbaiare** to bark
come tutti noi?"

"Ma sì che so abbaiare," risponde il cucciolo.
"È che desidero mostrarti quanto sono intelligente.
Quest'anno a scuola impariamo una lingua
25 straniera.° Vedi, io so già dire le prime parole: **lingua straniera**
miao miao." foreign language

ᘓ COMPRENSIONE ᘔ

A. Vero o falso? Correggi le affermazioni sbagliate.

   1. Fido si sveglia in ritardo.
   2. Fido dice alla madre che ritorna a casa subito dopo la scuola.
   3. La madre aspetta Fido a casa.
   4. Fido saluta sua madre imitando un gatto.
   5. Fido non sa più abbaiare.
   6. Fido studia le lingue straniere.

B. Rispondi alle seguenti domande con frasi complete.

   1. Come si chiama il cucciolo?
   2. Quanti anni ha?
   3. Com'è Fido?
   4. A che ora va a scuola?
   5. Quando ritorna a casa?
   6. Perché la madre guarda l'orologio?
   7. Chi dice: Miao, miao?
   8. Fido sa abbaiare?
   9. Che cosa impara a scuola?
   10. Dov'è la madre?

C. E tu?

1. Come ti chiami tu?
2. Quanti anni hai?
3. A che ora arrivi a scuola?
4. A che ora ritorni a casa?
5. Impari una lingua straniera?
6. Che lingua parli a casa?

⟪ VOCABOLARIO ⟫

A. Cognates are words that are spelled similarly in Italian and in English. There is a similar root or element in both languages. *Ambizioso* is a cognate of *ambitious.* Generally, English adjectives ending in *-ous* will end in *-oso* in Italian. Give the Italian equivalent of the following English words.

1. furious
2. glorious
3. numerous
4. nervous
5. curious

B. More cognates: English adjectives ending in *-ent* end in *-ente* in Italian; *intelligente* is the Italian equivalent of *intelligent.* Give the Italian equivalent of the following English words.

1. resident
2. present
3. evident
4. latent
5. different
6. potent

C. Antonyms are words that have an opposite meaning. Match these antonyms.

A	B
1. entra	a. il padre
2. presto	b. stupido
3. chiedere	c. buona sera
4. intelligente	d. esce
5. buon giorno	e. tardi
6. la madre	f. rispondere

3

❧ VERBI ❧

A. Complete the following sentences with the correct form of the present tense of the verb shown in the model.

ESEMPIO: Tu imiti il maestro.

1. Noi _____ maestra.
2. Io _____ mio amico.
3. Voi _____ professore.
4. Lei _____ amica.

ESEMPIO: Paolo risponde al professore.

5. Loro _____ al professore.
6. Noi _____ alla signora.
7. Io _____ all'amico.
8. Tu _____ alla signora.

ESEMPIO: Elena apre il libro.

9. Voi _____ la finestra.
10. Paolo ed io _____ la porta.
11. Tu e tuo fratello _____ la porta.
12. Io _____ il portone.

ESEMPIO: Fido e la madre stanno bene.

13. Elena _____ bene.
14. Tu _____ bene.
15. Voi _____ male.
16. Io _____ male.

B. Using the verbs in parentheses, complete the sentences with the correct form of the present tense.

1. Fido _____ un gatto. *(imitare)*
2. Noi _____ alle due. *(ritornare)*
3. Tu _____ a parlare italiano. *(imparare)*
4. _____ voi presto? *(arrivare)*
5. Elena e Pietro _____ la televisione. *(guardare)*
6. Tu e tuo fratello _____ a casa. *(correre)*
7. I figli _____ alla madre. *(rispondere)*
8. Io _____ la porta per mia madre. *(aprire)*
9. Il treno _____ alle nove. *(partire)*

4

⊱ STRUTTURA ⊰

A. Fill in the blanks with the preposition *a*, making contractions where needed. Refer back to the story for the correct structures.

ESEMPIO: Fido va _____ una scuola.
Fido va *a* una scuola.

1. Fido torna _____ una.
2. All'una Fido è davanti _____ portone.
3. Fido mostra _____ madre quanto è intelligente.
4. Mio padre ritorna a casa _____ otto.
5. Noi impariamo _____ fare la pizza.

B. Form sentences using the words in the order given. You will have to supply other necessary words such as articles or prepositions. Refer to the story for the correct structures.

ESEMPIO: Fido/imitare/gatto
Fido imita un gatto.

1. io/guardare/orologio/tanto/tanto
2. Fido/rispondere/madre
3. tu/e tuo fratello/arrivare/scuola/otto
4. loro/passare/davanti/biblioteca
5. madre/chiedere/figlio/che ora/ritornare

2.

Il ristorante

PRIMA DI LEGGERE: *Ti piacerebbe avere un ristorante? Che cosa potresti fare per pubblicizzare il ristorante?*

Camminando° per via Santa Lucia noto, ad una tavola all'aperto d'una trattoria, un signore che sta mangiando una grande porzione di spaghetti. Fuori° tutte le tavole sono occupate e
5 siccome° ho fame e sete,° entro nella trattoria e mi siedo° ad una tavola libera.
    Il cameriere s'avvicina° e gentilmente mi dice:
    "Posso consigliarLe un buon piatto di pesce, o della buona carne?"

Camminando Walking

Fuori Outside

siccome since
ho fame e sete I'm hungry and thirsty
mi siedo I sit down
s'avvicina approaches

10 Io rispondo: "No, grazie. Per favore, mi porti
subito una bottiglia d'acqua minerale perché ho
sete, e poi mi porti una buona porzione di
spaghetti perché ho molta fame."

Dopo pochi minuti il cameriere mi mette
15 davanti un piatto, ma ahimè un piatto con pochi
spaghetti. La mia fame è grande, ma la porzione
è piccola. Subito mi nasce un sospetto.

Io dico: "Scusi! Quell'uomo seduto là fuori
ha una grande porzione di spaghetti. Paga più
20 di me? Guardi che io non sono uno straniero.
Mi chiamo Giovanni Fiori e sono di Napoli. State
tentando d'ingannarmi.° Dov'è il proprietario?   **d'ingannarmi** to trick
Desidero parlargli!"   me

"L'assicuro," risponde il cameriere, "che non
25 inganniamo nessuno. Lei non ha ragione° di   **non ha ragione** you
pensarlo. Ma Lei non può parlare con il   have no right
proprietario. É occupato. É quello che sta
mangiando la grande porzione di spaghetti."

⊸◖ COMPRENSIONE ◗⊸

A. Completa le frasi con le parole o le espressioni corrette.

A	B
1. Giovanni sta passando	**a.** desiderano ingannarlo.
2. Giovanni vede un signore	**b.** di spaghetti.
3. Ordina un piatto	**c.** la grande porzione.
4. Ha sete e chiede	**d.** davanti ad una trattoria.
5. La porzione non è	**e.** con il proprietario.
6. Giovanni pensa che	**f.** grande.
7. Desidera parlare	**g.** una bottiglia d'acqua
8. Il proprietario sta	minerale.
mangiando	**h.** vicino all'entrata.

B. Rispondi alle seguenti domande con frasi complete.

   1. Giovanni Fiori è napoletano o romano?
   2. Dov'è seduto il proprietario della trattoria?
   3. Giovanni ordina una porzione grande o piccola di spaghetti?
   4. Perchè Giovanni ordina una bottiglia d'acqua minerale?
   5. Giovanni trova una tavola libera dentro o fuori?
   6. È soddisfatto della porzione di spaghetti?
   7. Che cosa crede?
   8. Chi sta mangiando molti spaghetti? Il cameriere, il proprietario o Giovanni?

C. E tu?

   1. Tu sei italiano/a o americano/a?
   2. Dove sei seduto/a adesso?
   3. Che cosa ordini quando hai sete?
   4. Com'è il tuo appetito?
   5. Desideri parlare italiano?
   6. Il tuo professore cerca d'ingannarti o d'aiutarti?
   7. Dov'è Napoli?
   8. Ti piace il pesce?

◖◗ VOCABOLARIO ◖◗

A. Cognates: English words that end in *-tion* generally end in *-zione* in Italian.

ESEMPIO: portion   la porzione

Form the Italian equivalents of these English words, and give the appropriate definite article for each one.

1. nation	**6.** operation
2. education	**7.** composition
3. conversation	**8.** insinuation
4. condition	**9.** elevation
5. implication	**10.** ventilation

B. Adverbs: Italian adverbs are formed from adjectives. When the Italian adjective ends in *-le* and is preceded by a vowel, the final *e* is dropped and the suffix *-mente* is added. The suffix *-mente* corresponds to the English *-ly*. Form adverbs from these Italian adjectives.

ESEMPIO: finale   final   finalmente

1. naturale
2. generale
3. reale
4. crudele

5. personale
6. volgare
7. singolare
8. particolare

C. More adverbs: Some adverbs are formed by adding *-mente* to the feminine form of the adjective. Form adverbs from these Italian adjectives.

ESEMPIO: stupido, stupida stupidamente

1. lento
2. fortunato

3. solo
4. elettrico

D. Antonyms: Match these words of opposite meaning.

A	B
1. bene	a. torto
2. grande	b. davanti a
3. ragione	c. male
4. occupato	d. piccolo
5. dietro	e. libero

ᐊ VERBI ᐅ

A. Complete the sentences with the correct form of the present tense of the verb shown in the model.

ESEMPIO: Giovanni è di Napoli.

1. Noi _____ di Napoli.
2. Maria e sua madre _____ contente.
3. Io _____ contento.
4. Lei _____ di Roma.

⟶

ESEMPIO: Fido ha due anni.

5. Quanti anni _____ tu?
6. Io _____ anni.
7. Voi _____ ragione.
8. Noi _____ ragione.

B. Complete the following sentences with the present tense of
the verb in parentheses.

1. Tu _____ male.	*(stare)*
2. Giovanni _____ napoletano.	*(essere)*
3. Io _____ tre fratelli.	*(avere)*
4. Tutti _____ in piedi.	*(stare)*
5. Il caffè _____ freddo.	*(essere)*
6. I libri _____ vicino al quaderno.	*(essere)*
7. _____ noi molta fame?	*(avere)*
8. Io _____ intelligente.	*(essere)*
9. Tu e mio fratello _____ amici.	*(essere)*
10. Mia nonna _____ un gatto.	*(avere)*

C. Present progressive tense: Complete the following sentences
with the present tense of *stare* plus the present participle.

ESEMPIO: Tu _____ con il maestro.
        Tu stai parlando con il maestro.

1. Noi _____ con il maestro.
2. Voi _____ con la maestra.
3. Io _____ con il cameriere.
4. Lui _____ con la proprietaria.

ESEMPIO: Maria sta rispondendo al professore.

5. Noi _____ al professore.
6. Tu _____ a Maria.
7. Voi _____ al telefono.
8. Io _____ a tutti.

ESEMPIO: Loro stanno aprendo la porta.

9. Giovanni _____ lettera.
10. Tu ed io _____ la finestra.
11. Voi _____ portone.
12. Io _____ la porta.

D. Complete the sentences with the correct form of the present progressive tense of the verbs in parentheses.

1. Giovanni _____ la televisione.   *(guardare)*
2. Tutti _____ spaghetti.   *(mangiare)*
3. Noi _____ un libro.   *(leggere)*
4. Fido _____ per le scale.   *(correre)*
5. La madre di Fido _____ la finestra.   *(aprire)*

✍ STRUTTURA ✍

Form sentences using the words in the order given. Make any necessary changes or additions. Refer to the story for the correct structures.

ESEMPIO: io/vedere/cane/davanti/casa
Io vedo un cane davanti alla casa.

1. tu/vedere/uomo/vicino/tavola
2. Giovanni/chiedere/acqua/perché/avere/sete
3. tu/ed/io/essere/ristorante
4. noi/avere/molto/fame
5. voi/mangiare/piccolo/porzione/spaghetti

3.
Una questione di gusti

PRIMA DI LEGGERE: *Che cosa dice il tuo professore se non finisci i compiti?*

Paolo è un ragazzo molto intelligente e fare domande è uno dei suoi passatempi° preferiti. Una domenica pomeriggio il ragazzo si avvicina a sua madre e dice:

5   "Mamma, è meglio una macchina grande o una piccola?"

"Veramente questa è una questione° di gusti. Una macchina piccola è più facile da parcheggiare, una grande è più comoda per viaggiare quando 10 si va in vacanza."

passatempi pastimes, hobbies

questione matter

Paolo la ringrazia e va a giocare ma presto
ritorna e chiede:

"Mamma, è meglio viaggiare in treno o in
aereo?"

15 "Veramente questa è una questione di gusti"
risponde di nuovo la mamma. "In treno puoi
goderti° il panorama, spostarti da una carrozza   **goderti** enjoy
all'altra, mangiare nel vagone ristorante e
persino dormire nel vagone letto mentre viaggi.

20 Se invece viaggi in aereo, puoi spostarti da una
città all'altra o persino da un paese all'altro in
pochissimo tempo, perché gli aerei viaggiano
ad alta velocità."

"Mamma, conosci un sacco di cose"

25 commenta Paolo e ritorna a giocare.

Prima di addormentarsi, Paolo ha un'altra
domanda:

"Mamma, è meglio giocare a pallacanestro°   **pallacanestro**
o a scacchi?"°   basketball
                                                                                  scacchi chess
30 "Veramente, Paolo, è una questione di gusti.
Qualcuno gioca a pallacanestro perché gli piace
correre, saltare,° lanciare la palla. Qualcun altro   **saltare** to jump
preferisce sedere di fronte ad una scacchiera e
pensare attentamente alla prossima mossa."

35 "Sei davvero intelligente, mamma," dice
Paolo prima di chiudere gli occhi per dormire.

Il giorno dopo, all'inizio della lezione, la
professoressa Silvia chiede agli studenti i loro
quaderni° con il compito° di storia. Paolo le   **quaderni** exercise
                                                                                  books
40 dice che il suo quaderno è a casa.   **compito** homework

"Tutti i ragazzi dovrebbero venire a scuola
con i loro quaderni!" esclama la professoressa.

"Veramente, signora, è una questione di
gusti" risponde il ragazzo.

45 "Paolo, che cosa intendi° quando dici che è   **che cosa intendi** what
una questione di gusti?"   do you mean

"Veramente, signora," risponde Paolo, "lo
studente che fa il compito dovrebbe venire
con il quaderno ma lo studente che non lo

50 fa è meglio che lasci il quaderno a casa."

‹‹ COMPRENSIONE ››

A. Vero o falso? Correggi le affermazioni sbagliate.

1. Paolo è un ragazzo molto intelligente.
2. Il ragazzo non ringrazia sua mamma.
3. Quando viaggi in aereo puoi dormire nel vagone letto.
4. Gli aerei viaggiano ad alta velocità.
5. Ai giocatori di scacchi piace correre.
6. Ai giocatori di pallacanestro piace saltare.
7. La professoressa dice che i ragazzi dovrebbero andare a scuola con i loro quaderni.
8. A tutti piace sedere di fronte ad una scacchiera.

B. Rispondi alle seguenti domande con frasi complete.

1. Qual è uno dei passatempi preferiti di Paolo?
2. Qual è il vantaggio di avere una macchina piccola?
3. Secondo sua mamma, quando è che Paolo può godersi il panorama?
4. Dove dormono i passeggeri quando viaggiano in treno?
5. Che cosa fa Paolo dopo che sua mamma risponde alla sua ultima domanda?
6. Quali azioni compie un giocatore di pallacanestro mentre gioca?
7. Chi è Silvia? Che cosa chiede?
8. Perché Paolo dice che "è una questione di gusti"?

C. E tu?

1. Qual è uno dei tuoi passatempi preferiti?
2. Quale tipo di macchina preferisci? Perché?
3. Quale mezzo di trasporto usi quando vai in vacanza?
4. Preferisci giocare a pallacanestro o a scacchi? Perché?
5. Hai paura di viaggiare in aereo? Perché?
6. Dove e con chi vai in vacanza?
7. In quale stagione vai in vacanza?
8. Qual è il tuo posto preferito per le vacanze?

❧ VOCABOLARIO ❧

A. Match these synonyms.

A	B
1. di fronte a	**a.** automobile
2. macchina	**b.** vagone
3. carrozza	**c.** confortevole
4. alto	**d.** elevato
5. domandare	**e.** spostarsi
6. muoversi	**f.** chiedere
7. comodo	**g.** panorama
8. scenario	**h.** davanti a

B. Nouns: For the following things, give the name of the person associated with them.

1. parcheggio	**6.** insegnamento
2. viaggio	**7.** corsa
3. gioco	**8.** lancio
4. città	**9.** storia
5. curiosità	**10.** scacchi

❧ VERBI ❧

A. Complete these sentences with the present tense of the verb in parentheses.

1. Paolo è un ragazzo intelligente, _____ subito quando l'insegnante spiega qualcosa di nuovo.   *(capire)*

2. Tu e i tuoi amici _____ le macchine grandi o piccole?   *(preferire)*

3. Se continuano a giocare, non _____ compiti.   *(finire)*

4. Tu _____ il tennis o il golf?   *(preferire)*

5. Quando _____ di studiare, possiamo uscire a fare un giro.   *(finire)*

6. Io _____ viaggiare in treno che in macchina.   *(preferire)*

B. Write eight sentences with the present tense of *preferire + infinito*.

15

✧ STRUTTURA ✧

A. Rewrite the following sentences using the indirect object pronoun.

1. Paolo rivolge a sua mamma parecchie domande.
2. La mamma dice a Paolo che "è una questione di gusti."
3. La professoressa chiede agli studenti il quaderno dei compiti.
4. Paolo spiega alla professoressa perché non ha il quaderno.
5. A Paolo piace la pallacanestro?

B. Complete the following sentences using the correct possessive adjective.

1. La lettura è uno dei _____
   passatempi preferiti. *(lei)*
2. La pallacanestro è uno dei _____
   sport favoriti. *(lui)*
3. Viaggiare in treno ha i _____ vantaggi.
4. I _____ gusti non concordano con i
   _____ gusti. *(io/loro)*
5. I _____ insegnanti sono piuttosto
   severi. *(noi)*
6. I _____ viaggi sono sempre molto
   interessanti. *(voi)*

4.
La sorpresa

PRIMA DI LEGGERE: *Ti piacciono le sorprese o preferisci sempre sapere che cosa succede?*

La famiglia Rossi è finalmente nella nuova
casa. I giovani sono contenti perché hanno un
sacco di spazio per giocare con i loro nuovi amici.
Il padre, invece, sembra un po' preoccupato.
5 Dopo l'acquisto della nuova mobilia,° in banca   **mobilia** furniture
non ci sono più molti soldi.
    "Dobbiamo stare attenti a spendere," dice
Giacomo a Maria, sua moglie.
    "Non ti preoccupare," ribatte Maria.

10　Passa qualche giorno e la signora Rossi,
sebbene siano a corto di° soldi, vorrebbe organizzare una festa per festeggiare° il compleanno
del marito. Giacomo lo merita,° non solo perché
è un buon marito e un buon padre, ma anche
15 perché lavora sodo.° Sapendo che suo marito
non vuole spendere soldi in feste, Maria chiede
ai figli di mantenere il segreto° per non rovinare
la sorpresa.

Il giorno del compleanno di Giacomo, Maria
20 dice a suo marito:

"Giacomo, che peccato non essere in grado,
quest'anno, di festeggiare il tuo compleanno
nella nuova casa."

"È meglio così, Maria. Non abbiamo soldi.
25 Già la nuova casa è un grande regalo,"° risponde
Giacomo.

All'imbrunire° gli ospiti arrivano per la festa a
sorpresa. I bambini sono alla finestra a far la
guardia al padre. Dopo un po':
30　"Mamma, sta arrivando. Papà sta arrivando."

Quando vede la macchina di suo padre,
Michele, che ha solo tre anni, corre fuori e grida:

"Papà! Papà! In casa non ci sono ospiti
nascosti per la tua festa!"

siano a corto di they are short of
festeggiare to celebrate
merita deserves

lavora sodo he works hard

mantenere il segreto to keep a secret

regalo present

All'imbrunire At dusk

◖ COMPRENSIONE ◗

A. Vero o falso? Correggi le affermazioni sbagliate.

1. I bambini in questa storia sono contenti della nuova casa.
2. I bambini hanno nuovi amici.
3. Giacomo e Maria, dopo l'acquisto della casa, hanno ancora molti soldi in banca.
4. Maria vuole festeggiare il compleanno di suo marito.
5. Giacomo vuole spendere soldi in una festa di compleanno.
6. Tutti i bambini in famiglia mantengono il segreto.
7. Gli ospiti arrivano all'imbrunire.
8. Michele ha tre anni.

B. Rispondi alle seguenti domande con frasi complete.

1. Qual è il cognome del padre della famiglia in questa storia?
2. Perché i bambini di Maria sono contenti?
3. Adesso che sono nella nuova casa, che cosa vuole fare il padre?
4. Per chi e perché Maria vuole organizzare una festa?
5. Che cosa chiede ai bambini Maria?
6. Quando arrivano gli ospiti?
7. Perché arrivano gli ospiti?
8. Che cosa fanno i bambini alla finestra?

C. E tu?

1. Come pensi che Giacomo reagisca dopo le parole di Michele?
2. In che modo e con chi ti piace festeggiare il tuo compleanno?
3. Ti piacciono le feste a sorpresa? Perché?
4. Se non hai molti soldi, organizzi lo stesso una festa a sorpresa per un amico? Perché?
5. Se fai una festa, quanti amici inviti? E com'è la tua festa?
6. Da viverci con la tua famiglia preferisci una vecchia casa o una nuova? Perché?
7. Descrivi la casa che ti piacerebbe avere un giorno.
8. Qual è l'aspetto divertente di questa storia?

✒ VOCABOLARIO ✒

A. Match these words of opposite meanings.

A	B
1. tacere	**a.** risparmiare
2. acquisto	**b.** rilassato
3. spendere	**c.** rivelare
4. meglio	**d.** poco
5. preoccupato	**e.** peggio
6. tanto	**f.** vendita
7. nascondere	**g.** albeggiare
8. imbrunire	**h.** gridare

B. Match the expressions with the same meaning.

A	B
1. avere un sacco di soldi	**a.** tacere
2. essere a corto di denaro	**b.** silenzio!
3. avere la bocca cucita	**c.** avere molti soldi
4. acqua in bocca!	**d.** avere pochi soldi

ᓚ VERBI ᓛ

A. Commands: Change the following sentences using the imperative in the negative form.

1. Bambini, parlate!

2. Compriamo nuovi mobili.

3. Ascolta i consigli dei tuoi amici.

4. Organizzate la festa di compleanno.

5. Accendi il televisore.

6. Preoccupati della tua situazione.

7. Spendi molto denaro.

8. Risparmiate per il vostro futuro.

B. Match the following verbs in column A to their most appropriate noun in column B.

A	B
1. spendere	**a.** il compleanno
2. organizzare	**b.** un segreto
3. rovinare	**c.** i regali
4. mantenere	**d.** la sorpresa
5. festeggiare	**e.** una festa
6. aprire	**f.** soldi

ᓚ STRUTTURA ᓛ

A. Change these singular nouns and their corresponding articles to the plural.

1. lo spazio

2. l'acquisto

3. il mobile

4. la moglie

5. il compleanno

6. la sorpresa

7. l'ospite

8. l'auto

B. Give at least three adjectives for each word given in exercise A.

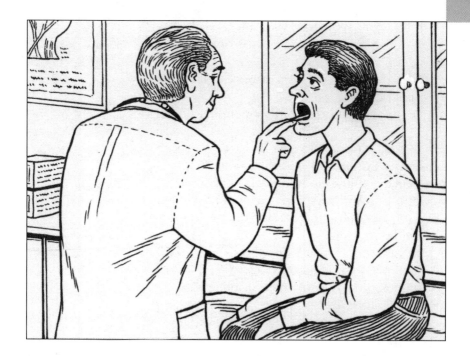

5.
Il ciarlatano

PRIMA DI LEGGERE: *Com'è il tuo dottore?*
È intelligente? Ti dà buoni consigli?

Il dottor Castro ha pochissimi pazienti.° Un
giorno l'infermiera° gli annunzia che finalmente
c'è un paziente nella sala d'attesa.°
"Lo lasci rimanere lì per un pò," dice il dottore.
5 "Così crederà che ho molti pazienti."
Dopo trenta minuti il cliente entra nello studio
del dottore.
Il dottore dice al malato: "Prego, s'accomodi!
Mi dica che cosa ha!"

pazienti patients
infermiera nurse
sala d'attesa waiting
room

21

10 　E il malato risponde: "Non mi sento bene, ho
sempre mal di testa e non posso sopportare° la
luce del sole."

non posso sopportare
I can't stand

　　Il dottore le dice: "Apra la bocca!" (Il signore
apre la bocca.)

15 　Dopo aver guardato attentamente la lingua,
dice:

　　"È cosa da poco! La mia diagnosi è che
Lei dorme troppo. Lei deve fare delle lunghe
passeggiate° tutti i giorni al posto del solito
20 riposino pomeridiano."

passeggiate walks

　　"Non posso, dottore. La luce del sole mi
dà fastidio."°

dà fastidio bothers

　　"E va bene, le faccia di notte."

　　"Ma io già cammino molto."

25 　"Ebbene, deve camminare di più."

　　"Ma dottore, il mio lavoro. . ."

　　"Se il suo lavoro non le permette di fare
quattro passi,° cambi lavoro."

fare quattro passi
to take a short walk

　　"Ma, dottore . . ."

30 　"Senta, se Lei ne sa più di me perché viene a
farsi visitare da me? Ma Lei che fa? L'ingegnere,
l'avvocato, il commerciante?"

　　"No, dottore. Faccio la guardia notturna."

　　"Mi faccia vedere la lingua un'altra volta!"

◖◖ COMPRENSIONE ◗◗

A. Completa le frasi con le parole o le espressioni tra parentesi.

1. Questo dottore è disonesto perché cerca di (aspettare, ingannare, guardare) i pazienti.
2. Il malato aspetta (mezz'ora, un'ora, molto).
3. Il paziente ha (paura, caldo, dolor di testa).
4. Non si sente bene quando (fa una passeggiata, apre la bocca, guarda la luce del sole).
5. Il dottore esamina la (lingua, testa, bocca) del signore.

6. Secondo il dottore, il paziente non deve dormire (mai, la sera, il pomeriggio).

7. Il signore cammina molto (tutti i giorni, tutte le notti, quando fa bel tempo).

8. Alla fine il dottore (domanda soldi, fare un'altra diagnosi, consiglia il malato di dormire tardi).

B. Rispondi alle seguenti domande con frasi complete.

1. Quanti clienti ha il dottor Castro?

2. Quando fa entrare il paziente nel suo ufficio? Perché?

3. Che cosa ha il malato?

4. Che cosa non può sopportare?

5. Che cosa fa?

6. Alla fine, che cosa dice il dottore?

C. E tu?

1. Vai tutti gli anni dal dottore?

2. Va da solo o con tua madre?

3. Il tuo dottore ha molti pazienti?

4. Aspetti molto tempo prima d'entrare nel suo studio?

5. Come ti senti?

6. Ti piace fare quattro passi?

7. Hai tempo per riposarti il pomeriggio?

8. Che cosa fa tuo padre?

9. Che cosa desideri fare da grande?

10. Che cosa pensi di questo dottore?

ꙮ VOCABOLARIO ꙮ

A. Word power: You know that *fare una passeggiata* means the same as *passeggiare*. Match the following verbs with the same meaning.

A	B
1. fare una telefonata	**a.** sorridere
2. fare una domanda	**b.** regalare
3. fare la conoscenza	**c.** sommare
4. fare male a qualcuno	**d.** telefonare
5. farsi la barba	**e.** danneggiare
6. fare un sorriso	**f.** domandare
7. fare il totale	**g.** radersi
8. fare un regalo	**h.** conoscere

B. Synonyms: Match these words of similar meaning.

A	B
1. notturno	**a.** pomeridiano
2. trenta minuti	**b.** il dottore
3. di pomeriggio	**c.** l'impiego
4. il lavoro	**d.** di notte
5. il medico	**e.** mezz'ora

C. Antonyms: Match these words of opposite meaning.

A	B
1. dare	**a.** sano
2. venire	**b.** la luna
3. sentirsi male	**c.** sentirsi bene
4. alla fine	**d.** andare
5. malato	**e.** ricevere
6. il sole	**f.** al principio

✺ VERBI ✺

A. *Dovere, potere,* and *venire*: Complete the sentences with the correct present tense form of the verb according to the models given.

ESEMPIO: Per andare dal dottore io _____ prendere l'autobus.
Per andare dal dottore io devo prendere l'autobus.

1. Che cosa _____ prendere tu?
2. Che cosa _____ fare voi?
3. Noi non _____ fare niente.
4. Il malato _____ fare lunghe passeggiate.

ESEMPIO: Il paziente non può guardare la luce del sole.

5. Io non _____ guardare la televisione.
6. Tu ed io _____ andare a piedi.
7. Tu _____ venire con me?
8. Voi _____ fare una passeggiata oggi?

ESEMPIO: Io vengo a casa tua.

  9. Tu _____ a casa mia.
10. Voi _____ a casa nostra.
11. Noi _____ a casa vostra.
12. Lui _____ a casa mia.

B. Imperative: The form of the command changes according to the person to whom the command is given (either *tu* or *lei*).

Follow the model and write commands for the verbs listed after the model.

ESEMPIO: visitare   Mamma, visita! Professore, visiti!
           rispondere Mamma, rispondi! Professore, risponda!
           partire   Mamma, parti! Professore, parta!
           finire   Mamma, finisci! Professore, finisca!

1. parlare	**6.** vedere
2. vivere	**7.** contare
3. entrare	**8.** scrivere
4. prendere	**9.** mettere
5. pulire	**10.** offrire

C. Complete the sentences with the correct form of the imperative of the verbs in parentheses.

  1. La signora Grassi dice a Carletto:
      "_____ i dolci!"   *(prendere)*
  2. L'infermiera dice al paziente:
      "_____ nello studio!"   *(entrare)*
  3. Il dottore dice al malato:
      "_____ la bocca!"   *(aprire)*
  4. La mamma dice alla figlia:
      "_____ la porta!"   *(aprire)*
  5. Lo studente dice al professore:
      "_____ la domanda!"   *(ripetere)*
  6. Il professore dice all'alunno:
      "_____ la risposta!"   *(ripetere)*
  7. Il dottore dice al malato:
      "_____ molto!"   *(camminare)*
  8. Carletto dice all'amico:
      "_____ a tuo padre!"   *(telefonare)*

✍ STRUTTURA ✍

Form sentences using the words in the order given. Refer to the past stories for the correct structures.

1. io/potere/sopportare/luce/sole/
2. tu/dovere/fare/passeggiata
3. paziente/venire/ufficio/dottore
4. professore/fare/domanda/studente
5. loro/venire/casa/mia
6. malato/non/sentirsi/bene
7. io/dormire/invece/studiare
8. tu/non/stare/bene/perché/avere/mal/stomaco
9. dottore/dire/infermiera/aprire/porta
10. padre/dire/figlio/studiare/molto

6.
Il ragazzino terribile

PRIMA DI LEGGERE: *Conosci persone difficili?*
È facile comunicare con le persone difficili?

Il cane abbaia perché Giacomino gli sta
tirando° la coda.

    "Giacomo," grida la madre, "non dare fastidio
al cagnolino! Non gli far male!"

5   "Il cane fa molto chiasso, ma io non gli tiro
la coda," risponde il ragazzo di cattivo umore.
"Lo tengo stretto!° È lui che tira per scappare."°

    Giacomo vive con la famiglia ai piedi
dell'Etna, un vulcano in Sicilia. Improvvisamente°

sta tirando he is pulling

tengo stretto I'm
  holding (it) close by
scappare to get away

Improvvisamente
  Suddenly

10 dal vulcano cominciano a venir fuori cenere,°   **cenere** ashes
lava, lapilli, i paesani hanno paura perché la
lava può distruggere il paesino dove abitano.

    In tutta fretta i genitori di Giacomino decidono
di mandare il bambino dai nonni che vivono, al
15 sicuro, a Palermo. Vanno in piazza da dove parte
la corriera per Palermo ed affidano° il figlio   **affidano** entrust
all'autista.

    Durante il percorso Giacomino si comporta
come sempre. Non lascia nessuno in pace. Parla
20 in continuazione, annoia i passeggeri, è in
continuo movimento.

    Il guidatore dell'autobus, un giovane molto
cortese, cerca con le buone di calmare il
bambino, poi non ne può più e gli dice.
25   "O ti siedi, o ti lascio in mezzo alla campagna!"

    Per un po' Giacomino rimane seduto al suo
posto, ma poi è di nuovo irrequieto come prima.

    La corriera arriva finalmente a Palermo e tutti
ringraziano Iddio di lasciare il Giacomo e di non
30 vederlo più.

    I nonni sono felici di rivedere il nipotino,
ma dopo pochi giorni i genitori del bambino
ricevono questo telegramma: "Prendetevi
Giacomino e mandatelo sulla cima dell'Etna!"

⟨Q COMPRENSIONE ⟩⟩

A. Vero o falso? Correggi le affermazioni sbagliate.

    1. Giacomo dà fastidio al cagnolino, tirandogli la coda.
    2. C'è un'incendio nel paesino dove abita la famiglia di
        Giacomo.
    3. Giacomo va dal suo paese a Palermo in autobus.
    4. Giacomo si comporta bene quando viaggia alla città.
    5. I nonni sono felici di rivedere Giacomo.
    6. Dopo pochi giorni i nonni sono sempre felici a causa della
        visita del nipotino.

B. Rispondi alle seguenti domande con frasi complete.

    1. Perché il cane abbaia?
    2. Dove vivono i nonni di Giacomo?
    3. Perché i passaggeri sono annoiati?
    4. Che cosa dice l'autista a Giacomo?
    5. Perché i nonni mandano un telegramma ai genitori di Giacomo?

C. E tu?

    1. Hai un animale domestico? Quale tipo?
    2. Ti piace giocare con gli animali?
    3. Hai mai fatto un viaggio in autobus?
    4. Dove abitano i tuoi nonni?
    5. Quanto spesso vedi i tuoi parenti?
    6. Come passi il tempo insieme ai tuoi parenti?
    7. Ti piacerebbe avere una grande famiglia?
    8. Che cosa fai quando incontri un ragazzino difficile come Giacomo?

ꞈ VOCABOLARIO ꞈ

A. Word groups: Find a word in the story that is related to each of the following words and tell what both mean.

1. grazie	**6.** la fede
2. il paese	**7.** la sicurezza
3. l'autobus	**8.** muoversi
4. guidare	**9.** la distruzione
5. il passaggio	**10.** umoristico

B. Antonyms: Match these words of opposite meaning.

A	B
1. chiasso	**a.** spingere
2. felice	**b.** in pericolo
3. al sicuro	**c.** alzarsi
4. sedersi	**d.** in fondo
5. tirare	**e.** nervoso
6. stretto	**f.** infelice
7. calma	**g.** silenzio
8. in cima	**h.** largo

◖ VERBI ◗

A. ***Tenere* and *sedersi*:** Complete the sentences with the present tense of *tenere* or *sedersi*. Follow the models.

ESEMPIO: Io tengo il bambino per la mano.

1. Tu _____ il bambino per la mano.
2. La madre _____ il figlio per la mano.
3. Loro _____ su la testa.
4. Voi _____ su la testa.

ESEMPIO: Giacomino si siede al suo posto.

5. Tu _____ al tuo posto.
6. Io _____ al mio posto.
7. Noi _____ al nostro posto.
8. Voi _____ al vostro posto.

B. Negative commands: Look what happens when the *tu* form of the imperative is in the negative form.

ESEMPIO: Giacomino, entra nella farmacia!
Giacomino, *non entrare* nella farmacia!

Make the following affirmative familiar commands negative.

1. Prendi l'autobus! _____
2. Parla ad alta voce! _____
3. Abbi pazienza! _____
4. Finisci i dolci! _____
5. Vieni subito! _____
6. Ritorna tardi! _____
7. Va' nel giardino! _____
8. Da' fastidio al cane! _____

C. First person plural commands: Decide with your friends what you are all going to do or not going to do this afternoon. Write a short paragraph of five sentences telling what your plans are. Below is a list of words that can help you.

ESEMPIO: studiare molto
Studiamo molto! Non studiamo molto!

uscire presto	invitare degli amici
giocare a tennis	andare allo stadio
prendere un gelato	dare una festa
restare a casa	leggere il giornale
bere il caffè	fare una passeggiata

⟪ STRUTTURA ⟫

Write sentences using the words in the order given. Refer to the past stories for the correct structures.

1. io/andare/Palermo/e/prendere/corriera
2. Palermo/essere/bella/città/Sicilia
3. passaggeri/corriera/essere/cattivo/umore
4. Giacomino/andare/e/venire
5. io/essere/felice/fare/viaggio
6. noi/cercare/vivere/onestamente
7. tu/decidere/studiare
8. io/rimanere/casa/tutto/giorno
9. genitori/sedersi/in/poltrona
10. lava/venir fuori/vulcano

7.

L'esibizionista°

esibizionista show-off

PRIMA DI LEGGERE: *Pensi che sia importante la prima impressione? Perché?*

Alessandro è un ragazzo di circa vent'anni. Si trova ad una festa in casa di un amico a Milano. Vede una bella ragazza intenta a guardare le altre coppie che ballano. Le si avvicina e dice:

5   "Vorrei presentarmi. Sono Alessandro Parodi, uno studente di ingegneria al Politecnico di Milano. Mi piacerebbe invitarti a ballare."

Poiché è un bel ragazzo e pare molto educato, la ragazza accetta il suo invito. Mentre ballano,
10   poiché vuole fare colpo,° Alessandro le racconta di essere uno studente modello° (è invece uno

fare colpo to impress
studente modello model student

32

degli ultimi), di avere una bella macchina (invece
ha solo una vecchia bicicletta), di essere uno
sportivo (sa solo giocare a carte) e di avere una
15 fidanzata bella e ricca (che purtroppo° esiste   **purtroppo** unfortunately
solo nella sua fantasia).

    La giovane donna, che è molto intelligente,
capisce subito che Alessandro sta mentendo,°   **sta mentendo** is lying
ma sta al gioco.°   **sta al gioco**
20   Alla fine della festa quando le chiede: **(di qualcuno)**
    "Posso accompagnarti a casa?" prontamente   she plays along
risponde: (with someone)
    "No, grazie, non ce n'è bisogno. Il mio
autista mi sta aspettando."
25   "Posso telefonarti?"
    "Naturalmente."
    "Qual è il tuo numero?"
    "Lo trovi sull'elenco.° Lì puoi trovare tutti i   **elenco (telefonico)**
numeri di telefono."   telephone directory
30   "Ma qual è il tuo nome?"
    "Anche quello è sull'elenco."
    E con queste parole la ragazza lascia la festa.

◖ COMPRENSIONE ◗

A. Rispondi alle seguenti domande con frasi complete.

  1. Chi è Alessandro e dove si trova?
  2. Con chi comincia a parlare?
  3. Come sono i suoi modi?
  4. Che cosa dice alla ragazza?
  5. Lei crede a tutto quello che lui le racconta?
  6. Lasciano la festa insieme? Perché?
  7. Alessandro le telefonerà?
  8. Perché la ragazza se ne va?

B. E tu?

  1. Che cosa studi?
  2. Hai la macchina?
  3. Hai molti amici? Ragazzi e/o ragazze?
  4. Ti piace andare alle feste? Perché?
  5. Hai mai raccontato delle bugie o gonfiato la verità?

⟪ VOCABOLARIO ⟫

A. Match these synonyms.

A	B
1. bugia	**a.** verità
2. vero	**b.** paio
3. bugiardo	**c.** schietto
4. sincero	**d.** impostore
5. fantasia	**e.** menzogna
6. coppia	**f.** immaginazione

B. Match these antonyms.

A	B
1. educato	**a.** insignificante
2. ultimo	**b.** povero
3. bello	**c.** ottuso
4. intelligente	**d.** primo
5. importante	**e.** maleducato
6. ricco	**f.** brutto

⟪ VERBI ⟫

A. Change the present tense of the following verbs to the present tense of *stare + gerundio* wherever possible.

1. Alessandro guarda una ragazza.
2. Molte coppie ballano.
3. Alessandro racconta un mare di bugie.
4. Tutti gli ospiti si divertono.
5. La ragazza si accorge che Alessandro mente.
6. La ragazza ha l'autista che l'aspetta.

B. Write six sentences with *vorrei + infinito*.

◄ STRUTTURA ►

A. Conjunctions: Write eight sentences using the following conjunctions: *perché, poiché, siccome, dato che, dal momento che.*

B. Infinitives vs. clauses: The The following sentences are *implicite* Make them *esplicite* by using clauses.

ESEMPIO: Dicono di conoscere la verità.
Dicono che conoscono la verità.

1. Alessandro dice di essere uno studente di ingegneria.
2. Alessandro racconta di avere una macchina lussuosa.
3. Inventa di avere una fidanzata bella e ricca.
4. La ragazza capisce di piacergli.
5. Quando Alessandro vuole accompagnarla a casa, lei risponde di avere l'autista.

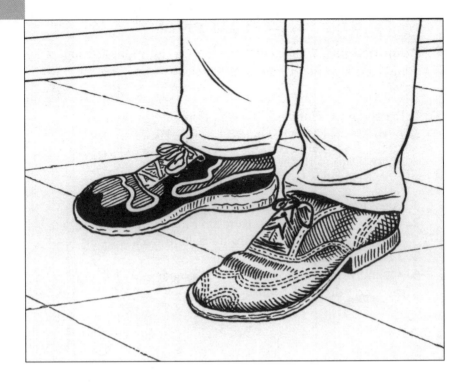

8.

Il professore distratto

PRIMA DI LEGGERE: *Fai molta attenzione a come ti vesti? Perché?*

Il professor Rossi è una persona fantastica; è
gentile, simpatico ed è un insegnante meraviglioso.
I suoi studenti lo stimano perché è onesto, ha
un grande senso dell'umorismo e conosce bene
5 la materia° che insegna. Tuttavia, c'è qualcosa
in lui che i suoi studenti non riescono a capire:
c'è sempre un capo del suo abbigliamento° che

materia subject

capo d'abbigliamento
item of clothing

stona° con il resto. Per esempio, si mette una
camicia gialla, pantaloni blu e una giacca rossa.
10 Qualche volta, quando indossa° camicia rossa e
cravatta° verde, il suo modo di vestire, fa pensare
al Natale. Sembra che il professore non si curi
molto dell'abbigliamento.

Un giorno, dopo la lezione, Claudia, una
15 sua studentessa, gli si avvicina e gli chiede il
permesso di rivolgergli una domanda.°
All'inizio è preoccupata che il professore
possa irritarsi,° ma il professore promette°
che non si arrabbierà.

20 "Chiedi quello che vuoi sapere" dice Rossi.
Allora Claudia gli chiede quante paia di
scarpe ha.

"Veramente, . . . non lo so" risponde il
professore.

25 "Ha portato le scarpe dal calzolaio° la scorsa
settimana?" aggiunge Claudia.

"Non mi pare," risponde il professore.

"Ha qualche problema ai piedi?" chiede
Claudia.

30 "Non che io sappia," risponde lui.

"Allora, professore, perché da giovedì scorso
indossa una scarpa di pelle e una scarpa da
tennis?"

Rossi si guarda i piedi, riflette un istante e
35 impassibile° dice:

"Sono entrambe nere e, inoltre, entrambe di
ottima qualità!"

stona does not match

indossa he wears
cravatta tie

rivolgergli una
    domanda to ask
    him a question
irritarsi to get irritated
promette promises

calzolaio shoemaker

impassibile
    undisturbed

37

⟪◎ COMPRENSIONE ◎⟫

A. Completa le frasi con le parole o le espressioni corrette.

A	B
1. Rossi è	**a.** il professore indossa una camicia rossa con una cravatta verde.
2. Gli studenti dicono	**b.** di ottima qualità.
3. Il professore indossa	**c.** per chiedergli delle sue scarpe.
4. Claudia avvicina Rossi	**d.** con l'abbigliamento.
5. Il professore ha soltanto una	**e.** che Rossi conosce la sua materia.
6. La studentessa vuole sapere	**f.** Rossi guarda le sue scarpe.
7. Rossi ha problemi	**g.** una camicia gialla e pantaloni blu.
8. Gli studenti non riescono a capire perché	**h.** un professore.
9. Le scarpe del professore sono	**i.** scarpa di pelle.
10. Impassibile,	**j.** se il professore ha problemi ai piedi.

B. Rispondi alle seguenti domande con frasi complete.

1. Perché gli studenti stimano Rossi?
2. Che problemi ha Rossi con l'abbigliamento?
3. Chi avvicina Rossi?
4. Qual è l'atteggiamento di Rossi verso la studentessa?
5. Rossi sa quante paia di scarpe possiede?
6. Che tipo di scarpe indossa Rossi?
7. Perché non gli importa di indossare una scarpa diversa dall'altra?
8. Che cosa ti fa pensare che il professore sia distratto?

C. E tu?

1. Ti consideri un tipo gentile? Perché?
2. Come ti vesti per andare a scuola?
3. Quali scarpe preferisci? Perché?
4. Perché alcuni studenti si agitano quando parlano con i loro professori?

5. Quali colori preferisci per i tuoi capi di abbigliamento? Perché?

6. Ti preoccupi di come veste il tuo professore? Perché?

7. Per te è più importante la qualità o il prezzo di un vestito? Perché?

8. Come reagisci quando parli di una persona distratta?

◖ VOCABOLARIO ◗

A. List the fabrics from which the following clothes may be made.

1. camicetta	**6.** pantaloni
2. maglietta	**7.** pigiama
3. sciarpa	**8.** cravatta
4. giubbetto	**9.** camicia
5. scarpe	**10.** giacca

B. Write a sentence containing at least one item of clothing and its corresponding color.

◖ VERBI ◗

A. Complete these sentences with the present tense of the reflexive verb in parentheses.

1. Il professore probabilmente _____ al buio. *(vestirsi)*

2. Le ragazze della mia classe _____ prima di uscire. *(specchiarsi)*

3. I vostri capelli sono tutti arruffati. Non _____ mai? *(pettinarsi)*

4. Noi _____ la doccia tutti i giorni. *(farsi la doccia)*

5. Se non _____ gli occhiali, non distinguo i colori. *(mettersi)*

6. Quando _____ presto hanno il tempo per vestirsi di tutto punto. *(alzarsi)*

B. Write a sentence that is connected with clothing for each of the following verbs.

1. mettersi
2. indossare
3. sfoggiare
4. misurarsi
5. combinare

6. abbinare
7. fare a pugni
8. tagliare
9. cucire
10. portare

◖◖ STRUTTURA ◗◗

A. *Che:* In the following sentences *che* may be a relative pronoun or a conjunction. Tell how *che* is used by writing a *P* for pronoun or a *C* for conjunction.

1. Gli studenti ritengono che il loro professore non abbia gusto nel vestire.
2. Gli studenti pensano che sia un ottimo professore.
3. Il nostro professore conosce bene la materia che insegna.
4. Il professore ha il dono di indossare sempre qualcosa che fa a pugni con tutto il resto.
5. Il professore, che ha uno spiccato senso dell'umorismo, non si sente imbarazzato quando Claudia gli fa notare le sue scarpe.
6. Sembra che il professore non badi molto all'abbigliamento.

B. Interrogatives: Write a question that is connected with clothing for each of the following interrogatives.

1. che cosa
2. chi
3. come
4. dove

5. quale/i
6. quando
7. quanto/a/i/e
8. perché

9.
Buon appetito!

PRIMA DI LEGGERE: *Pensi che sia importante capire la lingua quando viaggi in un paese straniero? Perché?*

Per la prima volta in vita sua, il signor Sam Jones fa un viaggio in Italia. Conta di fermarsi in Italia per circa un mese.° Passa la prima settimana° delle sue vacanze in una pensione a Roma nel
5 centro della città.

Il lunedì si alza presto e comincia a girare° per le belle strade di Roma. Resta a bocca aperta davanti a tante meraviglie: gli scavi° della Roma

per circa un mese for about a month
settimana week

girare travel around

scavi ruins

41

antica, le chiese della Roma cristiana, i tesori
10 della Roma del rinascimento, i monumenti della
Roma moderna.

Ritorna in pensione stanco morto, e paese che
vai, usanza che trovi, fa il pisolino pomeridiano.

Alle otte di sera entra nella sala da pranzo
15 della pensione e si siede ad un tavolo dove è
già seduto un signore che ha l'aria molto distinta.
Il signore s'alza e dice:

"Buon appetito!"

Il signor Jones che non comprende l'italiano,
20 risponde: "Sam Jones!"

Mangiano in silenzio perché nessuno dei due
parla la lingua dell'altro.

La sera dopo, il signor Jones prende lo stesso
posto a tavola.

25 "Buon appetito!" dice l'italiano.

"Sam Jones," risponde di nuovo l'americano.

Dopo cena, il signor Jones incontra un
suo amico che parla molto bene l'italiano. Gli
racconta quello che succede alla pensione. L'amico
30 gli spiega che il signore italiano non si chiama
Buon appetito, ma che questa è un'espressione
che in Italia si usa prima di mangiare.

Il signor Jones, felice di avere imparato
un'usanza° italiana, la sera seguente° entra in   **usanza** custom
35 sala da pranzo prima dell'ora di cena. Si siede   **seguente** following
al solito posto ed appena vede entrare il signore
italiano, s'alza e con un bel sorriso° dice: "Buon   **sorriso** smile
appetito!"

E in risposta l'italiano dice: "Sam Jones."

◖◑ COMPRENSIONE ◐◗

A. Vero o falso? Correggi le affermazioni sbagliate.

1. Il signor Jones va in Italia una volta l'anno.
2. Passa molte ore girando per la città.
3. Quando il signor Jones si siede a tavola, un signore
   americano gli dice: "Buon appetito."
4. Il signor Jones, che parla italiano, gli risponde: "Grazie,
   altrettanto."

5. I due signori parlano la stessa lingua.

6. L'amico spiega l'uso dell' espressione "Buon appetito."

7. Quando il signor Jones vede l'italiano la terza sera gli dice: "Mi chiamo Sam Jones."

8. L'italiano risponde: "Molto piacere."

B. Rispondi alle seguenti domande con frasi complete.

1. Per quanto tempo, il signor Jones conta di fermarsi in Italia?

2. Dove passa la prima settimana?

3. Qual' è la differenza fra una pensione ed un albergo?

4. Che cosa si dice in Italia prima di mangiare?

5. Il signor Jones capisce cosa gli dice l'italiano?

6. Che cosa racconta all'amico il signor Sam Jones?

7. Che cosa gli spiega l'amico?

C. E tu?

1. In quale paese vivi tu? In quale città?

2. Preferisci vivere in albergo o a casa tua?

3. Con chi mangi a scuola?

4. Se qualcuno ti dice: "Buon appetito!", che cosa rispondi: ciao, salute o grazie altrettanto?

5. Quando si dice in Italia: Cin, cin?

6. Perché c'è l'abititudine in Italia di farc il pisolino?

◖◗ VOCABOLARIO ◖◗

A. Word building: In Italian one can add the prefix *s* to certain adjectives and verbs in order to change their meaning. Prefix the following words with *s* and tell what both mean. Use a dictionary if needed.

ESEMPIO: cortese *(polite)*   scortese *(rude)*

1. conosciuto	**5.** fortunato
2. coprire	**6.** vestirsi
3. comodo	**7.** favorevole
4. comporre	**8.** vantaggio

B. Synonyms: Find synonyms from the story for these words or phrases.

1. pressappoco
2. la sera seguente
3. quattro settimane
4. dormitina
5. sette giorni

C. Antonyms: Find words of opposite meaning in the story.

1. si siede
2. un altro posto
3. triste
4. orrori
5. tutti e due

D. Cardinal numbers and days of the week: Remember that in Italy the week begins with Monday and ends with Sunday. The days of the week are not capitalized, and they are all masculine, except for Sunday. Following the model, complete the sentences.

ESEMPIO: _____ è lunedì.
        Il primo giorno della settimana è lunedì.

1. _____ è martedì.
2. _____ terzo _____.
3. _____ giovedì.
4. _____ quinto _____.
5. _____ ultimo _____.

◖◖ VERBI ◗◗

A. *Passato prossimo* of reflexive verbs: Complete the following sentences with the present tense of *essere* and the past particple of the main verb. Follow the models.

ESEMPIO: Il signor Jones si è fermato a Roma.

1. Lucia _____ in cucina.
2. Il signor Jones è l'amico _____ a parlare.
3. Mia madre ed io _____.
4. Voi _____.

44

ESEMPIO: Tutti si sono seduti in salotto.

5. Il signor Martini _____.
6. Lucia e sua madre _____ in cucina.
7. Maria, dove _____ tu?
8. Signora, dove _____ Lei?

ESEMPIO: Stamani mi sono vestito presto.

9. Giovanni, a che ora _____ tu?
10. I miei fratelli _____ presto.
11. Le mie sorelle _____.
12. Mio padre _____.

B. Change these verbs from the *passato prossimo* to the present tense.

1. siamo arrivati
2. sei venuto
3. sono uscita
4. siete partiti
5. è stato

6. ci siamo avvicinati
7. mi sono alzata
8. si è seduto
9. ti sei fermato
10. vi siete annoiati

❧ STRUTTURA ☙

A. Complete the sentences using the present tense of the verbs in parentheses. Note the preposition that follows the verb.

1. Mario _____ giocare a tennis.   *(pensare di)*
2. Io _____ andare all'università.   *(decidere di)*
3. Fido _____ parlare una lingua straniera.   *(cominciare a)*
4. Noi _____ studiare alle tre.   *(smettere di)*
5. I Rossi _____ fare una visita ai Martini.   *(andare a)*
6. Tu mi _____ entrare.   *(permettere di)*
7. Voi _____ mangiare molta frutta.   *(avere bisogno di)*
8. Il cameriere non _____ ingannarmi.   *(cercare di)*
9. I miei genitori _____ partire.   *(prepararsi a)*
10. Io _____ essere preparato.   *(credere di)*

B. Adverbs: Change the underlined words to adverbs and then rewrite the sentences using the adverb. Follow the model.

ESEMPIO: Questa macchina è <u>elettrica</u>.
Funziona elettricamente.

1. La spiegazione del maestro è <u>chiara</u>.
Spiega _____.
2. Parla <u>in modo volgare</u>.
Parla _____.
3. È una signora molto <u>gentile</u>, e offre _____ i dolci a Carletto.
4. Lucia è <u>timida</u>, e risponde alla madre _____.
5. Il suo arrivo è <u>probabile</u>, arriva _____ domani.
6. Il padre di Mario è <u>severo</u>. Parla ai figli _____.

10.

Io non capisco

PRIMA DI LEGGERE: *Che cosa fai quando non capisci una cosa che qualcuno ti dice?*

Un ricco° americano, stanco° di lavorare, ha venduto il suo negozio. Un amico l'ha invitato a passare un po' di tempo con lui sul Lago di Como, vicino a Milano. L'americano compra un biglietto
5 per l'aereo° e dopo un viaggio di otto ore arriva a Milano.
Decide di visitare la città prima di raggiungere l'amico. Prima fermata è il Duomo, una delle piú grandi cattedrali del mondo. Poi va in Galleria dove
10 i milanesi fanno la spesa in bellissimi magazzini

ricco rich
stanco tired

biglietto per l'aereo
plane ticket

47

e si fermano a chiacchierare nei bar dove
prendono il caffè.

A mezzogiorno davanti all'uscita di una chiesa
vede della gente. È un corteo nuziale. Si ferma e
15 domanda ad uno dei presenti, in inglese, come si
chiama lo sposo. Il milanese non capisce cosa gli
ha domandato il turista; si stringe nelle spalle° e   **si stringe nelle spalle**
risponde: "Signore, io non capisco."   he shrugs his
                                                          shoulders
L'americano pensa che il nome dello sposo è
20 signor Iono Capisco.

Più tardi vede un altro gruppo di persone
intorno a un uomo, caduto in terra, la testa
coperta di sangue, vittima di un incidente.

"Che succede? Chi è quest'uomo?" domanda
25 in inglese. Il turista riceve la stessa risposta:
"Signore, io non capisco."

L'americano si rattrista:° "Che disgrazia!   **si rattrista** becomes sad
Povero Iono Capisco, si è sposato un'ora fa e
ora sta per morire."

30 La sera, vede un corteo funebre. Si avvicina
ad una signora che sta versando lacrime amare.
Le fa la solita° domanda e riceve la solita risposta.   **solita** usual

"Che peccato! Il povero signor Iono Capisco,
sposato, vittima di un incidente e morto in un
35 solo giorno."

❧ COMPRENSIONE ☙

A. Vero o falso? Correggi le affermazioni sbagliate.

1. L'americano in questa storia non ha soldi.
2. L'americano va per passare un po' di tempo sulla costa
   d'Amalfi.
3. L'americano vuole visitare la città da solo prima di
   raggiungere l'amico.
4. In Galleria i milanesi fanno la ginnastica.
5. L'americano ha l'occasione di vedere un matrimonio
   italiano.
6. L'italiano davanti alla chiesa non capisce l'inglese.
7. Nella storia c'è una persona che si sposa e muore nello
   stesso giorno.

B. Rispondi alle seguenti domande con frasi complete.

1. Dove vive l'amico del ricco americano?
2. Dove si sono celebrate le nozze?
3. Quale lingua non parla il milanese?
4. Che cosa pensa il turista?
5. Perché la faccia dell'uomo in terra è coperta di sangue?
6. Perché l'americano si rattrista?
7. Chi sta piangendo al corteo funebre?
8. Che cosa dice il turista quando pensa che lo sposo è morto?
9. Pensa che il signor Iono Capisco è fortunato o disgraziato?

C. E tu?

1. Desideri andare in Italia?
2. Hai un amico in Italia?
3. Quanto tempo ci vuole per andare in Italia in aereo?
4. È importante parlare la lingua del paese che si visita?
5. Se vedi una persona in terra, che cosa fai?
6. Ti rattristi o ti rallegri quando ricevi il tuo voto d'italiano?
7. Piangono o ridono i tuoi genitori alla vista dei tuoi voti?
8. Quando vai a dormire, sei stanco morto?

◖ VOCABOLARIO ◗

Match these words of opposite meaning.

A	B
1. avvicinarsi	a. comprare
2. domandare	b. muovere
3. lavorare	c. lontanarsi
4. vendere	d. contentarsi
5. rattristarsi	e. rispondere
6. fermare	f. riposare

◖◖ VERBI ◗◗

A. Complete the following sentences with the correct present tense form of the reflexive verb shown in parentheses. Follow the model.

ESEMPIO: I figli _____ prima di andare a letto. *(lavarsi)*
        I figli si lavano prima di andare a letto.

1. Paola _____ a Londra prima di
  andare a New York. *(fermarsi)*
2. I signori _____ all'entrata. *(avvicinarsi)*
3. _____ Giovanna. *(chiamarsi)*
4. Gli studenti _____ nelle spalle
  quando non sanno la risposta. *(stringersi)*
5. Il cane _____ quando i padroni
  non sono a casa. *(rattristarsi)*
6. A che ora _____ tu la mattina? *(svegliarsi)*
7. La domenica Pietro _____ sempre
  prima degli altri. *(alzarsi)*
8. Enrico e Walter _____ tanto,
  ma non possono venire sabato sera. *(scusarsi)*

B. Match each verb to its corresponding noun.

A	B
1. cucinare	a. insegnante
2. dipingere	b. cantante
3. scrivere	c. autista
4. insegnare	d. pittore
5. cantare	e. cuoco
6. guidare	f. scrittore

◖◖ STRUTTURA ◗◗

Change the following nouns to the plural form.

1. pittore
2. scrittore
3. cantante
4. cuoco
5. autista
6. insegnante
7. fermata
8. biglietto
9. chiesa
10. uscita

11.
Come imparano i ragazzi

PRIMA DI LEGGERE: *Preferisci studiare da solo/a o con qualcuno?*

Violetta si sta preparando ad un esame. Suo
padre, seduto in poltrona, sta leggendo il giornale.
"Papà, posso farti una domanda? Voglio andar
bene° all'esame di domani."   **andar bene** to do well
5   "E come! Che vuoi sapere?" l'incoraggia° il   **l'incoraggia** encourages
padre abbassando il giornale.
"Una parte dell'esame è sulla Repubblica di
San Marino."
"Ah sì. È una Repubblica Marinara."
10   "No papà. Le Repubbliche Marinare non
esistono più."
"Va avanti!"° risponde il padre un po' annoiato.   **Va avanti!** Go ahead!
"Papà, sai che cosa è l'ippocastano?"

"Sì, questo nome lo conosco, l'ho proprio
15 sulla punta della lingua,° ma non lo ricordo."

sulla punta della lingua on the tip of my tongue

"Papà, che cos'è il Cervino?"

"Il Cervino? Ah, questo lo so. È il figlio del
cervo."

Violetta, stanca di fare domande senza ricevere
20 risposte corrette, si sta zitta.° Il padre comincia a
capire che c'è qualche cosa che non va.

sta zitta she stays quiet

"Che c'è? Che ti succede?"

"Niente, papà."

"Non vuoi sapere altro? Hai finito il compito?"

25 "Non voglio annoiarti,° né darti fastidio°
quando sei stanco e preferisci leggere il giornale."

annoiarti to bore you
darti fastidio to bother you

Il padre lascia cadere il giornale a terra e dice:

"Adesso fai la stupida, ed hai paura di farmi
domande! Abbi fiducia in tuo padre. . . E poi, se
30 non fai domande, come fai ad imparare?"

☙ COMPRENSIONE ❧

A. Rispondi alle seguenti domande con frasi complete.

1. Perchè Violetta sta studiando?
2. Che fa il padre?
3. Dov'è seduto?
4. Il padre desidera aiutare la figlia?
5. Quando Violetta smette di fare domande?
6. Il padre sa o non sa le risposte alle domande della figlia?
7. Che cos'è il cervo?
8. Dov'è la Repubblica di San Marino?

B. E tu?

1. Ti piace studiare?
2. Vuoi andar bene agli esami?
3. Vai mai male agli esami?
4. Disturbi mai tuo padre quando legge il giornale?
5. Hai paura dei tuoi genitori?
6. I tuoi genitori hanno paura di te?
7. Hai bisogno d'aiuto prima di un esame?
8. Ti consulti con i tuoi vicini di banco durante un esame?

⫷ VOCABOLARIO ⫸

A. Word groups: Find words in the story from the same family and tell what both mean.

1. il mare
2. la noia
3. basso
4. la stupidità
5. nominare
6. la leggenda
7. il coraggio
8. la stanchezza
9. rispondere
10. correggere

B. Synonyms: Find words of similar meaning in the story and tell what both mean.

1. tacere
2. il giorno dopo
3. sciocco
4. fare una domanda
5. ottenere

C. Antonyms: Find words of opposite meaning in the story and tell what both mean.

1. dimenticare
2. sfiducia
3. andare male
4. andare indietro
5. scrivere

D. Complete the sentences with an appropriate word used in the story.

1. Una persona che non _____ molto è ignorante.
2. Una _____ è una sedia molto comoda.
3. Il _____ è un monte della catena delle Alpi.
4. L' _____ è il nome di un albero.
5. Bisogna leggere il giornale per sapere cosa _____ nel mondo.
6. Le Alpi separano _____ dall'Europa centrale.
7. Chi è curioso _____ molte domande.
8. Per _____ per un esame bisogna studiare molto.

◄ VERBI ►

Volere and _sapere:_ Complete the sentences with the present tense of _volere_ or _sapere._ Follow the models.

ESEMPIO: Io voglio sapere come ti chiami.

1. Noi _____ sapere come vi chiamate.
2. Loro _____ sapere come si chiamiamo.
3. Violetta _____ andar bene agli esami.
4. Voi _____ continuare a studiare.

ESEMPIO: Noi sappiamo dov'è il Cervino.

5. Tu _____ cos'è l'ippocastano?
6. Sì, io lo _____.
7. I genitori di Violetta non _____ tutto.
8. Voi _____ tutto?

◄ STRUTTURA ►

A. Match these irregular familiar affirmative commands with their infinitives.

1. sii!   **a.** andare
2. sappi!   **b.** dire
3. abbi!   **c.** essere
4. va'!   **d.** avere
5. vieni!   **e.** sapere
6. da'!   **f.** venire
7. di'!   **g.** dare

B. Write five sentences using the familiar affirmative commands in exercise A.

C. Describe how you feel about your school work. Write a short paragraph of at least 20 words. Below is a list of words that can help you.

ESEMPIO: Oggi studio molto perché ho un esame difficile domani.

esame	compiti	preferire	silenzio
facile	andar bene	domani	volere
difficile	aver paura	fare	scuola

12.
Più ricco di
cento euro

PRIMA DI LEGGERE: *Hai mai trovato dei soldi dove meno te l'aspettavi? Che cosa hai fatto?*

La giornata non è cominciata molto bene per Marco ed è di corsa.° La sveglia° non ha suonato, così si è alzato tardi; ha un appuntamento dal dentista tra un'ora e, per peggiorare le cose, la
5 macchina ha una gomma a terra.° L'unica soluzione è uscire e prendere un taxi.

è di corsa is in a rush
sveglia alarm clock

gomma a terra flat tire

Sul taxi Marco si accorge° che ha solo una banconota da cento euro.

"Come pagare il taxi? Sicuramente l'autista
10 non ha il resto per una banconota di quel taglio,"° Marco pensa. Tuttavia, volendo essere ottimista, cerca di convincere se stesso del fatto che i tassisti fanno molte corse° la mattina presto.

15 "Nonostante ciò, cento euro è una cifra piuttosto grossa," Marco continua a pensare. Perciò chiede al tassista di fermarlo alla banca più vicina. Marco entra in banca, raggiunge uno sportello e chiede alla cassiera di cambiargli la
20 banconota. La cassiera soddisfa la richiesta. Marco, come di consueto, conta i soldi. Marco trova un banconota da cento euro tra i biglietti.

"Signorina," dice Marco. "Ha commesso un errore."°
25 "Non faccio errori," risponde la cassiera.

"Ma, signorina . . . "

"Signore," lo interrompe. "Le appena detto che non commettiamo errori qui."

Marco cerca ancora una volta di mostrarle la
30 banconota da cento euro e le dice:

"Guardi signorina, mi ha dato . . . "

Indispettita° la cassiera gli risponde:

"Signore, per la terza e ultima volta le dico che qui in banca non facciamo errori. Questo è
35 quello che succede a chi cerca di aiutare persone come lei!"

Di fronte allo strano umorismo della cassiera, Marco, dapprima, pensa di correre felicemente verso la porta e di andarsene con il denaro extra;
40 poi, invece, torna sui suoi passi e porge i soldi extra alla cassiera come "premio" per essere così "perfetta" e per "non fare mai errori."

si accorge he realizes

banconota di quel (grosso) taglio high denomination note

corse trips

Ha commesso un errore You have made a mistake

Indispettita Irritated

56

໑ COMPRENSIONE ໑

A. Completa le frasi con le parole o le espressioni tra parentesi.

1. La giornata di Marco comincia (molto bene, così così, male).
2. La sveglia (ha suonato presto, ha suonato in ritardo di dieci minuti, non ha suonato).
3. La macchina di Marco (è in ordine, è senza benzina, ha una gomma a terra).
4. Per pagare il taxi Marco pensa che (ha lasciato i soldi a casa, ha perso i soldi, il taglio della banconota è troppo grosso).
5. Marco dice al tassista (che non ha soldi, di cambiargli la banconota, di fermarsi alla banca).
6. La cassiera acconsente di (cambiare la banconota, fare un errore, uscire dalla banca).
7. L'insistenza di Marco mostra che è (onesto, disonesto, ridicolo).
8. L'atteggiamento della cassiera è (molto responsabile, responsabile, irresponsabile).
9. La cassiera della nostra storia è una persona (gentile, simpatica, antipatica).
10. Quando Marco esce dalla banca ha (gli stessi, meno, più) soldi di quando era entrato.

B. Rispondi alle seguenti domande con frasi complete.

1. Quale mezzo di trasporto usa Marco quando la sua auto non va?
2. Con chi ha un appuntamento?
3. Quanti soldi ha per pagare il taxi?
4. Sul taxi, Marco è preoccupato di che cosa?
5. Che cosa pensa che faccia il tassista al mattino?
6. Dove va Marco per risolvere il suo problema?
7. Che cosa fa d'abitudine quando riceve dei soldi?

C. E tu?

1. Quanto spesso vai dal dentista?
2. Sei nervoso quando vai dal dentista? Perché?
3. Preferisci prendere l'autobus o il taxi? Perché?
4. Che cosa fai se la tua giornata comincia con problemi di trasporto?
5. Che cosa fai quando vai in banca?
6. Ti piacerebbe lavorare come cassiere in una banca? Perché?
7. Se tu fossi un cassiere e avessi un cliente come Marco, che cosa faresti?
8. Cosa fai se il cassiere commette un errore e non vuole sentire ragioni?

◖❦ VOCABOLARIO ❦◗

Match these synonyms.

A	B
1. taglio	a. sbaglio
2. commettere	b. accadere
3. convincere	c. fare
4. corsa	d. denaro
5. di consueto	e. persuadere
6. succedere	f. viaggi
7. soldi	g. valore
8. errore	h. abitualmente

◖❦ VERBI ❦◗

A. Auxiliaries: What is the auxiliary (*essere* or *avere*) for the following verbs for the *passato prossimo*?

1. cominciare	9. entrare
2. alzarsi	10. cambiare
3. uscire	11. commettere
4. prendere	12. dire
5. accorgersi	13. rispondere
6. pagare	14. mostrare
7. fare	15. dare
8. chiedere	16. succedere

B. *Passato prossimo:* Supply the correct form of the *passato prossimo* of the verbs in parentheses.

1. Marco _____ tardi.   *(svegliarsi)*
2. Le sveglie non _____.   *(funzionare)*
3. Noi _____ di prendere un taxi.   *(decidere)*
4. Voi _____ in banca e _____ le   *(fermarsi /*
   banconote.   *cambiare)*
5. La cassiera _____ che in banca non
   commettono errori.   *(ripetere)*
6. Marco _____ di insistere e poi   *(tentare /*
   _____ fuori felice.   *correre)*

◖ STRUTTURA ◗

A. Write a paragraph containing the following conjunctions: *nonostante, tuttavia, perciò, inoltre.*

B. Rewrite the following sentences by placing the adjective that appears in parentheses in the correct position.

1. La sveglia non ha suonato. *(vecchia)*
2. Al mattino non riesco a svegliarmi al suono della sveglia. *(debole)*
3. Il tassista ferma Marco davanti alla banca e lo aspetta. *(gentile)*
4. Il tassista ha fato a Marco un favore. *(grande)*
5. Voleva comprarsi un vestito ma ha deciso di risparmiare. *(nuovo)*
6. Gli piacciono molto le magliette. *(colorate)*
7. Indossa spesso pantaloni. *(blu)*

13.
Don Peppone

PRIMA DI LEGGERE: *Tu e la tua famiglia andate sempre nella stessa farmacia? Conosci molto bene un farmacista?*

Don Peppone è il proprietario di una farmacia a Caserta nella provincia di Napoli. È una bella farmacia, proprio in piazza, nel centro della cittadina. In vetrina° si vedono medicinali

5 d'ogni tipo.

    È un uomo di grande importanza. Tutti corrono da lui quando hanno bisogno d'aiuto.° Per i Casertani, don Peppone non è solamente

vetrina store window

hanno bisogno d'aiuto they need help

il farmacista, ma dottore, avvocato e soprattutto
10 amico.

Il piccolo Giorgio, bambino di otto anni, entra
correndo nella farmacia e chiede qualche cosa
per il mal di stomaco. Il farmacista, senza alcuna
esitazione, prende un bicchiere, lo riempie° d'un
15 liquido giallo, lo dà a Giorgio e con voce dura
gli dice:

    "Bevilo° immediatamente, e bevilo tutto!"
    "Ma, don Peppone. . . " il bambino cerca di
spiegare.
20   "Non ho tempo da perdere. Ho molto da
fare.° Bevilo senza fiatare! Se hai qualche cosa da
dirmi, me la dirai dopo. Non mi muovo da qui."

Il bambino, sorpreso dal tono di voce del
farmacista, comincia a bere la medicina, ma si
25 ferma perché la medicina è molto amara. Don
Peppone continua a gridare:

    "Tutto! Devi berlo tutto!"

Quando non c'è più una goccia del liquido
giallo nel bicchiere, don Peppone dice a Giorgio:
30   "Bravo! Ed ora, che mi volevi dire?"°
    "Don Peppone, non sono io che ha mal di
stomaco. È mio fratello che sta male!"

riempie he fills

Bevilo Drink it

Ho molto da fare I
have a lot to do

che mi volevi dire?
what did you want to
tell me?

✑ COMPRENSIONE ☙

A. Completa le frasi con le parole o le espressioni tra parentesi.

   1. In questa farmacia si vendono (biccheri, solo aspirine,
     medicinali).

   2. Le medicina che Giorgio beve è (nera, gialla, dolce).

   3. Il farmacista (esamina Giorgio, beve qualcosa per il mal di
     stomaco, dà una medicina a Giorgio per il mal di stomaco).

   4. Il farmacista grida: "Bevilo tutto" perché (ha bisogno del
     bicchiere, è un uomo dalla voce dura, il bambino esita a
     bere il liquido).

   5. Giorgio non fiata perché (ha paura del farmacista, non può
     parlare, ha mal di stomaco).

B. Rispondi alle seguenti domande con frasi complete.

1. Chi è Don Peppone?
2. Perché è un uomo importante?
3. Chi è Giorgio?
4. Che cosa vuole Giorgio?
5. Che cosa fa Don Peppone per aiutare Giorgio?
6. Qual' è l'errore di Don Peppone?

C. E tu?

1. Dove vai per comprare la medicina?
2. Che cosa fai quando hai un mal di stomaco?
3. Ti piace andare dal dottore? Perché?
4. Secondo te, che cosa causa il mal di stomaco?
5. Quando sei malato/a rimani a casa o vai a scuola?

◖ VOCABOLARIO ◗

A. Suffixes: When the suffix *-ista* is added to a word, the new word often expresses a profession. Follow the model and tell what the new word means.

ESEMPIO: la farmacia: il farmacista, la farmacista

1. l'auto	6. l'arte
2. il telefono	7. l'elettricità
3. il dente	8. l'estremo
4. il tennis	9. il bar
5. la musica	10. il giornale

B. Synonyms: Find words of similar meaning in the story and tell what both words mean.

1. restare qui
2. di corsa
3. dolore di stomaco
4. tentare
5. domandare

C. Antonyms: Find words of opposite meaning in the story and tell what both words mean.

1. piú tardi
2. dolce
3. niente
4. morbido
5. uscire

◖ VERBI ◗

A. *Bere* and *rimanere*: Following the models, complete the following sentences with the present tense of *bere* or *rimanere*.

ESEMPIO: Giorgio beve la medicina.

1. Io non _____.
2. Gli italiani _____ molto vino.
3. Papà, che cosa _____?
4. Ragazzi, che cosa _____?

ESEMPIO: Io rimango a casa.

5. Il fratello di Giorgio _____ a casa.
6. Anche tu _____.
7. Noi _____ a scuola.
8. I ragazzi _____.

B. Imperatives: Following the model, provide the command forms for *tu* and *voi*.

ESEMPIO: Giorgio, mangia!　Ragazzi, mangiate!　*(mangiare)*
　　　　　Giorgio, prendi!　Ragazzi, prendete!　*(prendere)*
　　　　　Giorgio, offri!　　Ragazzi, offrite!　　*(offrire)*
　　　　　Giorgio, pulisci!　Ragazzi, pulite!　　*(pulire)*

1. parlare
2. vedere
3. sentire
4. spedire
5. mettere

6. bere
7. venire
8. andare
9. dire
10. partire

✒ STRUTTURA ✑

A. Match the irregular present participles in column A with their infinitives in column B.

A	**B**
1. facendo	**a.** dire
2. bevendo	**b.** bere
3. dicendo	**c.** tradurre
4. componendo	**d.** fare
5. traducendo	**e.** comporre

B. Reflexive verbs: Complete the sentences with the present tense of the verbs in parentheses.

1. Tu _____ per gli esami. *(prepararsi)*
2. Noi _____ a tavola per mangiare. *(mettersi)*
3. Chi _____ di queste cose? *(interessarsi)*
4. Il dottore dice al malato: "Prego,
_____!" *(accomodarsi)*
5. Gli esami _____. *(avvicinarsi)*
6. Io _____ perché mio padre è severo. *(preoccuparsi)*
7. Tu e tuo fratello _____ a guardare la
televisione. *(divertirsi)*
8. Io _____ se il programma non è
buono. *(annoiarsi)*

C. Complete the sentences with one of the two words in parentheses.

1. In questo negozio si compra *(la frutta, gli spaghetti)*.
2. In questo negozio si comprano *(l'aspirina, delle medicine)*.
3. In una farmacia italiana non *(si vendono, si vende)* giornali.
4. Dove *(si prende, si prendono)* l'autobus.
5. Qui *(si parla, si parlano)* italiano.
6. Queste cose *(si capisce, si capiscono)* immediatamente.
7. Durante il giorno non *(si vede, si vedono)* le stelle.

14.
A che servono i ladri?
(prima parte)

PRIMA DI LEGGERE: *Che cosa preferisci, il silenzio o tanto rumore?*

Il signor Rolandi è il proprietario di un negozio° dove si vendono strumenti musicali. È nervoso tutto il giorno perché è obbligato ad ascoltare la musica moderna che piace ai suoi
5 giovani clienti, ma che a lui non piace affatto.

A ora di chiusura° ritorna a casa con l'unico desiderio di riposarsi.° Ma non gli è possibile. La figlia parla continuamente a telefono, il figlio

negozio store

ora di chiusura closing time
riposarsi to relax

ascolta la musica tutta la giornata, la moglie suona
10 il pianoforte e il cane abbaia° in accompagnamento   **abbaia** barks
degli altri.

Grazie a Dio arriva l'ora di coricarsi. Il signor
Rolandi, stanco morto, si addormenta° subito.   **si addormenta** he falls
                                                                asleep
Nel cuore della notte° la moglie lo sveglia.   **Nel cuore della notte**
15   " Francesco, alzati!° Ci sono i ladri° in casa."   In the middle of the
"Come lo sai, Teresa?"   night
                                                           alzati! get up!
"Non perdere tempo! Ti dico io che ci sono.   **ladri** thieves
Possono ammazzarci° mentre tu mi fai delle   **ammazzarci** to kill us
stupide domande. A volte tu hai paura di
20 proteggere la tua famiglia.

"Ma come lo sai che ci sono i ladri in casa?"

"Posso sentirli," risponde la moglie con
certezza.

"Non fare la stupida! I ladri non fanno   **rumore** noise
25 rumore."°

Pochi minuti dopo la signora sveglia di
nuovo suo marito.

"Alzati! Sono sicura che i ladri sono qui."

"Ed io ti dico che i ladri non fanno rumore."

30   "È proprio per questo che stanno in casa.
Non sento nulla."

◄◖ COMPRENSIONE ◗►

A. Trova la frase che meglio completa ogni affermazione.

   1. Quando il signor Rolandi torna a casa

      a. vuole vendere strumenti musicali.

      b. desidera riposare in silenzio.

      c. vuole sentire la musica moderna.

      d. desidera soffrire.

   2. Non può riposare perché

      a. il figlio suona il pianoforte.

      b. sua figlia abbaia.

      c. c'è troppo rumore.

      d. sua moglie è sempre al telefono.

3. Durante la notte il signor Rolandi è svegliato
   a. dal cane.
   b. da sua moglie.
   c. da un ladro.
   d. dalla figlia.
4. La signora ha paura
   a. dei ladri.
   b. delle domande.
   c. del figlio.
   d. della famiglia.
5. La signora crede che i ladri sono in casa perché
   a. fanno rumore.
   b. non sente niente.
   c. desiderano ammazzarla.
   d. suo marito ha paura.

B. Rispondi alle seguenti domande con frasi complete.

1. Quando il signor Rolandi torna a casa, cosa vuole fare?
2. Perché il signor Rolandi non può riposarsi?
3. Durante la notte, da chi è svegliato il signor Rolandi?
4. Di che cosa ha paura la signora?
5. Perché la signora crede che i ladri sono in casa?

C. E tu?

1. Hai mai avuto una lezione per suonare uno strumento musicale?
2. Ti piacciono i cani? Qual' è il tuo animale preferito?
3. Quando dormi è facile o difficile svegliarti?
4. Che cosa fai per rilassarti?
5. Qual' è il tuo lavoro ideale?

◖ VOCABOLARIO ◗

A. Word groups: Find a word in the story from the same family as each of the following words and tell what both mean.

1. la protezione
2. desiderare
3. morire
4. la musica
5. la proprietà

B. Synonyms: Find words of similar meaning in the story.

1. temere
2. andare a letto
3. rientrare
4. irritato
5. qualche volta

C. Antonyms: Find words of opposite meaning in the story.

1. l'apertura
2. vivo
3. esce da casa
4. intelligente
5. antico

⟪ VERBI ⟫

A. Present perfect: Complete these sentences, following the model. Remember that the main verbs used with *essere* must agree with the subject.

ESEMPIO: I ladri sono entrati in casa.

1. Il signor Rolandi _____ in negozio.
2. Tu e tuo padre _____.
3. Maria _____.

ESEMPIO: Un signore è caduto a terra.

4. Io _____.
5. Mario, _____ tu?
6. Elena e la sua amica _____.

ESEMPIO: Una signora è uscita dal negozio.

7. I clienti _____.
8. Il ragazzo _____.
9. Signor Rolandi, a che ora _____ Lei?

B. Change the verb from the present progressive to the present tense.

1. stai parlando
2. stanno leggendo
3. sto bevendo
4. state dicendo
5. stiamo partendo
6. sto venendo
7. stai finendo
8. sta cadendo
9. stanno facendo
10. stai uscendo

C. Complete the sentences with one of the verbs listed below.

1. Nel negozio del signor Rolandi si _____ musica moderna.
2. I ladri non fanno rumore, non si _____.
3. Al figlio del signor Rolandi non _____ la musica classica.
4. Ai clienti del signor Rolandi non _____ la musica classica.
5. Nelle farmacie si _____ l'aspirina.
6. Nel negozio del signor Rolandi si _____ strumenti musicali.

sente	piace	piacciono	sentono
vende	vendono		

✎ STRUTTURA ✐

***Tu* or *Lei*?** Depending on how familiar or formal you are with someone, you use either the *tu* or *Lei* form of the verb. Read the instructions in each of the sentences that follow and write appropriate sentences.

1. Di' ad un tuo amico che è simpatico.

   _____

   (di' la stessa cosa ad una tua maestra)

   _____

2. Di' a tua madre che ha molta pazienza.

   _____

   (di' la stessa cosa ad un tuo professore)

   _____

3. Domanda a tuo padre come sta.

   _____

   (fa' la stessa domanda ad un signore)

   _____

4. Domanda a tua madre dove va.

   _____

   (fa' la stessa domanda ad una signora)

   _____

15.
A che servono i ladri?
(seconda parte)

PRIMA DI LEGGERE: *Credi nel proverbio "Non tutto il male vien per nuocere"?*

Il signor Rolandi non ha voglia° di criticare la logica femminile, né di perdere la calma. Vuole solo continuare a dormire. Ha un sonno° terribile. Ma la moglie non lo lascia in pace.
5 Finalmente si alza, si mette le pantofole, e prende il suo padella.° In punta di piedi°

non ha voglia he doesn't feel like

sonno sleepy

padella frying pan, skillet
In punta di piedi On tiptoe

70

attraversa° il corridoio e con una certa paura° **attraversa** he crosses
apre la porta del salotto. Davanti ai suoi occhi ci **paura** fear
sono degli uomini. Stanno mettendo i dischi e
10 le cassette del figlio in grandi sacchi. Il cane
feroce, esausto per il continuo abbaiare, dorme
profondamente su una poltrona.° **poltrona** armchair
 Alla vista del padrone di casa con la padella
in braccio, i ladri lasciano cadere i sacchi ed
15 alzano le braccia.
 "Per carità, signore, non ci colpa!" supplica° **supplica** begs
uno di loro. "Siamo dei ladri per bene. Come
vede, rubiamo° solo in case per bene!" **rubiamo** we steal
 "Silenzio!" urla il signor Rolandi. "Non dite
20 sciocchezze! E se non volete finire in prigione,
chiamate i vostri complici. Fateli venire subito
qui con un camion per caricare° anche il **caricare** to load
pianoforte di mia moglie. E non dimenticate di
portarvi il telefono ed il cane!"

◖◖ COMPRENSIONE ◗◗

A. Trova la parola o la frase che meglio completa ogni
affermazione.

 1. Quando la moglie lo sveglia, il signor Rolandi desidera
  a. alzarsi.
  b. parlare con la moglie.
  c. essere lasciato in pace.
 2. Il cane non abbaia più perché
  a. i ladri sono in salotto.
  b. è nei sacchi con gli strumenti.
  c. ha abbaiato tutto il giorno.
 3. I due ladri hanno paura
  a. del cane.
  b. della padella.
  c. dei complici.
 4. Nel lasciare la casa, i ladri devono portarsi
  a. la signora ed il cane.
  b. tutta la mobilia.
  c. il pianoforte, il telefono ed il cane.

B. Rispondi alle seguenti domande con frasi complete.

   1. Che cosa desidera, il signor Rolandi quando la moglie lo sveglia?

   2. Che cosa prende il signor Rolandi?

   3. Quando il signor Rolandi entra nel salotto, che cosa stanno facendo i ladri?

   4. Di che cosa hanno paura i due ladri?

   5. Che cosa devono portare via i ladri?

C. E tu?

   1. Hai mai paura quando sei a casa da solo/a?

   2. Che cosa fai per proteggere casa tua e la tua proprietà?

   3. Hai mai stato la vittima di un furto? Che è successo?

   4. Ci sono delle cose che ti piacerebbe liberarsi? Quali?

   5. Hai mai cambiato casa?

⟪ VOCABOLARIO ⟫

A. Word building: *Bene* and its shortened form *ben* are used as prefixes. Add one of these prefixes to the following words and give their meaning.

   1. dire   **5.** venuto

   2. stare   **6.** pensante

   3. educato   **7.** intenso

   4. essere   **8.** voluto

B. Synonyms: Find words of similar meaning in the story.

   1. compagni in un'azione criminosa

   2. stupidaggini

   3. stanco morto

   4. arrabbiarsi

   5. beneducati

C. Antonyms: Find words of opposite meaning in the story.

   1. pacifico

   2. togliersi

   3. abbassare

   4. ricordare

   5. guerra

⟪ VERBI ⟫

A. **Match** the past participles in column A with their infinitives in column B.

A	B
1. nato	**a.** cadere
2. venuto	**b.** essere
3. morto	**c.** nascere
4. stato	**d.** correre
5. caduto	**e.** diventare
6. corso	**f.** morire
7. diventato	**g.** venire

B. **Complete** the sentences using the *passato prossimo* of the verbs in parentheses. Watch out because some of the verbs have irregular past participles.

1. La corriera è _____ della piazza. *(partire)*

2. Alla fine della scuola Fido è _____ a casa. *(correre)*

3. La signora Barra è _____ con il figlio. *(uscire)*

4. I genitori di Giacomino non sono _____. *(partire)*

5. Le cane sono _____ per terra. *(cadere)*

6. Il signor Rolandi è _____ nervoso. *(diventare)*

7. Giovanni è _____ a Napoli. *(nascere)*

8. Le due signore sono _____ in terrazza. *(essere)*

9. "Mario, a che ora sei _____?" *(arrivare)*

10. "Signora Rossi, a che ora è _____?" *(arrivare)*

11. I ladri sono _____ in casa. *(entrare)*

12. Il cane è _____ di stanchezza. *(morire)*

✎ STRUTTURA ✎

A. Prepositions: Complete these sentences with the proper form of the preposition *a*.

1. Il cameriere s'avvicina _____ Giovanni.
2. Giovanni non può parlare _____ proprietario.
3. La madre di Fido è _____ finestra.
4. Mario va _____ Università di Padova.
5. Per vedere una partita di calcio si va _____ stadio.
6. Io non arrivo _____ esami impreparato.
7. Tommaso vuole guardare la televisione fino _____ undici.
8. Giacomino dà fastidio _____ viaggiatori.

B. More prepositions: Complete these sentences with the proper form of the preposition *in*.

1. Roma è _____ Italia.
2. Giovanni entra _____ trattoria.
3. _____ studio di mio padre ci sono molti libri.
4. San Marino è _____ Italia centrale.
5. _____ autobus c'è molta gente.
6. Io non perdo la calma _____ momenti difficili.
7. _____ farmacie italiane si vendono solo medicine.
8. Mario ha fiducia _____ amici.

16.
Un pompiere° in difficoltà

pompiere fireman

PRIMA DI LEGGERE: *Riesci ad immaginarti come pompiere volontario? Come saresti?*

Pietro aveva sempre sognato di essere un pompiere ma nella cittadina dove viveva non c'erano vigili del fuoco. Niente era mai accaduto in quella città; non c'era mai stata un'emergenza. La vita era molto tranquilla. Con grande sforzo° Pietro aveva cercato di convincere i suoi vicini° che sarebbe stato opportuno formare un gruppo di volontari per qualsiasi emergenza, come incendi, infarti,° annegamenti. Alla fine, Pietro raggiunse il suo obiettivo. Il suo amico Carlo

sforzo effort

vicini neighbors

infarti heart attacks

mise a disposizione la sua jeep come mezzo di
trasporto in caso di emergenza.

Due settimane dopo, nel primo pomeriggio,
furono udite delle grida provenienti dalla piazza
15 principale della città:

"Aiuto! Aiuto! La casa della signora Anna
sulla collina° sta bruciando!"   **collina** hill

Quattro volontari uscirono correndo dalle
loro abitazioni e saltarono sulla jeep. Pietro, che
20 stava schiacciando un pisolino,° nel sonno udì   **pisolino** nap
il frastuono, si alzò e si mise le scarpe e una
camicia. Ma quando fu sulla porta di casa, la
jeep era già lontana.

"Paolo, prestami il tuo motorino,"° disse al   **motorino** scooter
25 figlio del vicino.

Pietro salì sul motorino e partì, cercando di
raggiungere la jeep che era già oltre il ponte.

Dopo aver spento l'incendio, tutti i vicini
si radunarono nella piazza principale per
30 commentare l'accaduto e congratularsi con i
pompieri volontari. All'improvviso qualcuno disse:

"Pietro, hai fatto un lavoro straordinario.
Sembri esausto. Guarda i tuoi vestiti!"

"Oh," disse Pietro. "Il motorino si è spento e
35 si è bloccato quando ho cercato di attraversare
la gola° e ho dovuto caricarmelo sulle spalle   **gola** ravine
per evitare che l'acqua lo portasse via."

◖◗ COMPRENSIONE ◖◗

A. Completa le frasi con le parole o le espressioni tra parentesi.

1. La vita di Pietro nella cittadina era (tranquilla, agitata, attiva).
2. Pietro riuscì a (irritare, incontrare, convincere) i suoi vicini.
3. (Due mesi, Tre settimane, Due settimane) dopo ci fu un'emergenza.
4. Sulla collina la casa (di Pietro, di Carlo, della signora Anna) stava bruciando.
5. Mentre stava schiacciando un pisolino, Pietro sentì (un frastuono, la signora Anna, Paolo).

6. Quando Pietro fu sulla porta, vide che (la jeep, il motorino, la casa della signora Anna) era distante.
7. Per raggiungere la collina, Pietro (saltò sulla jeep, usò il motorino, corse).
8. I volontari (cercarono Pietro, spensero l'incendio, si impantanarono nella gola).
9. Tutti i vicini andarono a festeggiare (nel parco, nella piazza della città, a casa di Pietro).
10. Mentre i vicini festeggiavano, Pietro sembrava (ben vestito, arrabbiato, esausto).

B. Rispondi alle seguenti domande con frasi complete.

1. Perché Pietro vuole creare un gruppo di volontari?
2. Che cosa mancava nella cittadina di Pietro?
3. Pietro sognava sempre che cosa?
4. I volontari della nostra storia quando potevano essere d'aiuto?
5. Nella nostra storia, quanti volontari si precipitarono a spegnere l'incendio?
6. Perché i pompieri andarono a casa della signora Anna?
7. Che cosa stava facendo Pietro, mentre la gente gridava "aiuto!"?
8. Che cosa chiese Pietro quando si svegliò? A chi?
9. Che cosa festeggiavano i vicini?
10. Perché Pietro non raggiunse il luogo dell'incendio?

C. E tu?

1. Dopo aver finito gli studi, ti piacerebbe vivere in una cittadina come quella di Pietro? Perché?
2. Come sono gli abitanti della città dove vivi?
3. Com'è la vita nella tua città?
4. Ti piace andare in motorino? Perché?
5. Hai mai lavorato come volontario a scuola? Perché?
6. Ti piacerebbe lavorare come pompiere? Perché?
7. Hai mai formato un gruppo per aiutare la tua comunità? Per quale scopo?
8. Pensi che il riposino dopo pranzo sia una buona o cattiva abitudine? Perché?
9. Se a casa tua c'è un incendio, che cosa fai per prima cosa?
10. Che cosa pensi di Pietro? Perché?

✖ VOCABOLARIO ✖

A. Match the following antonyms.

A	B
1. vivere	**a.** spegnere
2. sogno	**b.** silenzio
3. vicino	**c.** riposato
4. accendere	**d.** lontano
5. rumore	**e.** sparpagliare
6. radunare	**f.** realtà
7. stanco	**g.** morire

B. Nouns: Give the nouns that are formed from the following verbs.

1. vivere	**6.** trasportare
2. accadere	**7.** provenire
3. sforzare	**8.** aiutare
4. incendiare	**9.** abitare
5. disporre	**10.** prestare

✖ VERBI ✖

A. Insert the *imperfetto* form of the verbs in parentheses.

1. Pietro _____ di fare il pompiere. *(sognare)*
2. Nella cittadina dove _____ non _____ mai niente. *(abitare/accadere)*
3. I volontari _____ a disposizione una jeep. *(avere)*
4. Non _____ un'emergenza. *(aspettarsi)*
5. Quando Pietro si svegliò, la jeep _____ già lontana. *(essere)*
6. Le fiamme _____ la collina. *(illuminare)*

B. Insert the *passato remoto* form of the verbs in parentheses.

1. Pietro _____ un gruppo di volontari per le emergenze. *(formare)*
2. L'incendio _____ sulla collina. *(divampare)*
3. I volontari _____ fuori dalle loro case. *(correre)*
4. Pietro _____ in prestito il motorino di Paolo. *(chiedere)*
5. I volontari _____ le fiamme e _____ il fuoco. *(domare/spegnere)*
6. Gli abitanti della cittadina _____ tutti in piazza a festeggiare. *(andare)*

◖ STRUTTURA ◗

A. Change the direct object noun to the direct object pronoun.

1. Pietro convince i suoi vicini a formare un gruppo di volontari.
2. Carlo mette a disposizione la jeep.
3. Le fiamme spaventano gli abitanti.
4. I volontari spengono l'incendio.
5. Tutti i concittadini festeggiano i volontari.

B. Complete the following sentences using *stare + gerundio*.

1. Nella città dove vive Pietro _____ di formare un gruppo di volontari. *(cercare)*
2. Le fiamme _____ sulla collina. *(divampare)*
3. L'incendio _____. *(estendersi)*
4. La casa di Anna _____ a fuoco. *(andare)*
5. Mentre i volontari partono, Pietro _____. *(dormire)*
6. Quando Pietro arriva tutto bagnato e sporco, i suoi concittadini _____ in piazza per festeggiare il successo dei pompieri volontari. *(andare)*

17.
Punteggiatura

PRIMA DI LEGGERE: *Cosa fai se qualcuno cerca di metterti a disagio di fronte ad un gruppo di persone?*

Francesco Ansaldi si è laureato lo scorso anno presso reduce l'Università di Torino. Ha ventiquattro anni. È bello, atletico, intelligente e idealista. Il suo motto è: "Non brancolare° nel **brancolare** grope
5 buio: accendi una candela." Questo è il motivo per cui ha sempre voluto fare l'insegnante. Quando finì gli studi all'università, si trasferì° **si trasferì** he moved

in una cittadina di provincia dove trovò un
posto in una scuola superiore come professore
10 di italiano.

Il primo giorno di scuola disse agli
studenti: "Oggi impareremo l'importanza della
punteggiatura. Vi mostrerò i simboli e le relative
regole."°

15 Conti, il peggior studente della classe,
interruppe° la lezione più volte con domande
stupide. Una volta chiese: "Perché quando
usiamo i puntini di sospensione ne mettiamo
tre e non cinque, dieci o venti?"

20 Anche se poteva essere una domanda non
completamente fuori luogo, il professore sapeva
che Conti non era realmente interessato alla
risposta. Perciò rispose in questo modo: "Per
non creare troppa suspense. Ma se passi dal mio
25 ufficio dopo la lezione, cercherò di spiegartelo
meglio."

Conti era furioso° perché non era riuscito a
far arrabbiare il professore, per cui continuò ad
interrompere la lezione con stupidi quesiti.
30 Vedendo che l'insegnante rimaneva impassibile,
disse forte:

"Il professore è ignorante."

I compagni furono attoniti.° Il professore,
invece, mantenne la sua calma. Anziché° punire
35 lo studente, prese il gesso° e si diresse verso la
lavagna. Poi disse alla classe:

"Analizzeremo quello che il vostro compagno
ha appena detto." E scrisse sulla lavagna la
seguente frase:

40 Lo studente dice: il professore è ignorante.

"Adesso cambierò il significato della frase,
cambiando semplicemente la punteggiatura."

Quindi scrisse:

Lo studente, dice il professore, è ignorante.

45 Da quel giorno Conti non disturbò più le
lezioni.

ᚙᚙ COMPRENSIONE ᚙᚙ

A. Rispondi alle seguenti domande con frasi complete.

1. Chi è Francesco Ansaldi?
2. Qual è il suo motto?
3. Che cosa decise di fare dopo la laurea?
4. Che cosa spiegò alla classe il primo giorno di scuola?
5. Chi è Conti?
6. Qual è la spiegazione che dà il professore per i tre punti di sospensione?
7. Che cosa dice Conti del professore?
8. Come reagisce il professore?
9. Cosa fa per dare a Conti una lezione?

B. E tu?

1. Che cosa studi?
2. Cosa pensi di fare dopo il diploma o la laurea?
3. Ti piacerebbe fare l'insegnante? Perché?
4. Come ti comporteresti con uno studente come Conti?
5. Com'è il tuo insegnante di italiano?
6. I tuoi compagni di classe si comportano tutti bene?

ᚙᚙ VOCABOLARIO ᚙᚙ

A. Match these synonyms.

A	B
1. motto	**a.** furioso
2. brancolare	**b.** conservare
3. attonito	**c.** sciocco
4. sapere	**d.** annaspare
5. mantenere	**e.** conoscere
6. arrabbiato	**f.** imperturbabile
7. stupido	**g.** stupito
8. impassibile	**h.** sentenza

B. Write a sentence for each of the following expressions.

1. brancolare nel buio
2. essere fuori luogo
3. mantenere la calma
4. dare una lezione
5. imparare la lezione
6. sentirsi a disagio

‹Q VERBI Q›

A. Complete the sentences using the *passato remoto* of the verbs in parentheses.

1. Dopo la laurea Francesco Ansaldi _____ in una cittadina di provincia. *(trasferirsi)*
2. La prima lezione che _____ _____ sulla punteggiatura. *(tenere/essere)*
3. Tutti gli studenti, tranne uno, _____ attentamente le sue spiegazioni. *(ascoltare)*
4. Nonostante le continue interruzioni di Conti, il professore non _____ la calma. *(perdere)*
5. I compagni _____ delle parole di Conti. *(meravigliarsi)*
6. Grazie alla punteggiatura, il professore _____ a Conti una bella lezione. *(dare)*

B. Rewrite the sentences using the *passato remoto* instead of the present.

1. Francesco Ansaldi si laurea a Torino.
2. Quando finisce l'università, va ad insegnare in una scuola superiore.
3. Le domande di uno studente insolente e svogliato non indispettiscono il professore.
4. Il professore dimostra calma e senso dell'umorismo.
5. Cambiando la punteggiatura, il professore cambia il significato della frase.
6. Conti riceve una bella lezione.

‹Q STRUTTURA Q›

A. Write the *comparativo di maggioranza* of the following adjectives.

1. bello
2. cattivo
3. buono
4. piccolo
5. interessante
6. intelligente
7. grande
8. maleducato

B. Write six sentences containing a *virgola* (,), *punto e virgola* (;), *due punti* (:), *puntini di sospensione* (. . .), *punto interrogativo* (?) *e punto esclamativo* (!).

18.
La piccola astronauta

PRIMA DI LEGGERE: Quale lavoro ti piacerebbe fare? Quali sono i mestieri o le professioni che preferisci? Perché?

La famiglia Croce ha appena finito di cenare° e si siede nel cortile dietro° la casa. È una serata stupenda. Nel cielo non c'è una nuvola° e i Croce possono ammirare° la luna e le stelle.

5   Il signor Croce, guardando il cielo, dice: "La luna è così lontana!"

"Sì," dice la signora Croce "è lontana, ma molti astronauti ci sono andati. Sembra incredibile!"°

"Sono coraggiosi.° Coraggiosi quanto Cristoforo 10 Colombo quando salpò per l'America" ribatte il marito.

cenare having diner

cortile dietro (la casa) backyard
nuvola cloud
ammirare to see

incredibile unbelievable

coraggiosi brave

Allora Pietra, la loroa bambina di cinque
anni interviene: "Voglio fare l'astronauta e
andare sul sole."

15 "Non hai sempre detto che volevi fare la
dottore o l'avvocata?" chiede il padre. "Adesso
dici invece che vuoi fare l'astronauta? Lo sai
che è un lavoro molto pericoloso? Inoltre, per
diventare astronauta devi studiare molto."

20 "Studierò e diventerò l'astronauta più
coraggiosa. Sarò più coraggiosa di Tristoforo
Tolombo."

"Cristoforo Colombo, cara."

"Sì, è quello che ho detto."

25 I genitori ridono e la madre aggiunge:
"Piccolina, lo so che sei coraggiosa, ma
non puoi andare sul sole perché è molto caldo.
È una palla di fuoco e ti brucerai."°

"Mi metterò un sacco di crema protettiva° e
30 gli occhiali da sole come quando andiamo alla
spiaggia" replica la bambina.

"Non è abbastanza per proteggere gli occhi
dai raggi del sole," ribatte la mamma.

"Lo so," dice la bambina sorridendo. "Andrò
35 sul sole di notte!"

ti brucerai you will get
burned
crema protettiva
suntan lotion

◖ COMPRENSIONE ◗

A. Vero o falso? Correggi le affermazioni sbagliate.

1. La famiglia Croce è andata al parco.
2. La famiglia Croce sta pranzando.
3. Fuori c'è il sole.
4. Nel cielo non ci sono nuvole.
5. Gli astronauti sono già stati sulla luna.
6. Gli astronauti sono già stati sul sole.
7. Il signor Croce sostiene che gli astronauti non sono molto
   coraggiosi.
8. Il signor Croce dice che per diventare astronauta bisogna
   studiare molto.

B. Rispondi alle seguenti domande con frasi complete.
1. Dove si trova la famiglia Croce?
2. Che cosa ha appena finito di fare?
3. Che cosa guardano?
4. Com'è la serata?
5. A chi paragona gli astronauti il signor Croce?
6. Pietra dice che vuole fare che cosa?
7. Dove vuole andare Pietra?
8. Quando ci andrà?

C. E tu?
1. Provi ammirazione per gli astronauti? Perché?
2. Che cosa pensi delle spedizioni sulla luna?
3. Possiamo paragonare un viaggio sulla luna con il viaggio di Colombo?
4. Fra quanti anni, pensi, andremo su Marte?
5. Perché i viaggi nello spazio sono importanti?
6. Pensi che ci siano forme di vita sugli altri pianeti? Perché?
7. Pensi che i viaggi interplanetari diventeranno abituali?
8. Dovremmo occuparci del nostro pianeta?

◄ VOCABOLARIO ►

Indicate the word that does not fit in the group.
1. cielo / terra / luna / stelle
2. Marte / Terra / Luna / Venere
3. Colombo / Vespucci / Galilei / Magellano
4. astronave / navicella / navetta / barca
5. abbronzatura / crema / acqua / olio
6. porto / mare / spiaggia / sabbia

◄ VERBI ►

A. **Insert** the correct tense of the verbs in parentheses.
1. La famiglia Croce decide di _____ la serata nel cortile dietro casa. *(trascorrere)*
2. È una bella serata: si _____ molte stelle. *(vedere)*
3. Quanti viaggi sulla luna gli astronauti _____ fino a oggi? *(compiere)*
4. Pietra da grande _____ fare l'astronauta. *(volere)*
5. Pietra promette che _____ molto e che _____ l'astronauta più coraggiosa. *(studiare)*

B. **Insert** the *futuro semplice* form of the verbs in parentheses.

1. Pietra _____ il dottore o l'astronauta? *(fare)*
2. Pietra ed i suoi amici _____ sul sole. *(andare)*
3. Tu _____ le orme di tuo padre o _____ un lavoro diverso? *(seguire/fare)*
4. Se voi _____ coraggiosi, _____ diventare astronauti. *(essere/potere)*
5. Vicino al sole, noi _____? *(ustionarsi)*
6. La prossima vacanza io _____ nello spazio. *(andare)*

⊀ⓒ STRUTTURA ⓢ⋟

A. **Complete** the sentences using *c'è* or *ci sono*.

1. Questa sera _____ la luna piena.
2. _____ molte stelle e alcune sembrano vicine.
3. _____ in programma imminenti spedizioni sulla luna?
4. Per diventare astronauta _____ un piano di studi specifico da seguire.
5. Quanti astronauti _____?
6. _____ una nuvola che copre il sole.

B. **Answer** the following questions using *ci* instead of the noun to indicate places, ideas, and so forth.

ESEMPIO: Vai in Italia questa estate? Sì, ci vado a luglio.

1. Andremo in giardino dopo cena?
2. Verranno anche i tuoi amici?
3. Pensi spesso al tuo futuro?
4. Andrai sulla luna?
5. Andate spesso alla spiaggia d'estate?
6. Credi agli UFO?

Qui non si parla
italiano, ma si
vende a
buon mercato.

19.
Si parla italiano

PRIMA DI LEGGERE: *Ti piacerebbe condurre
un'attività in proprio? Che tipo? Che cosa
faresti per pubblicizzarla?*

L'italiano non è molto diffuso negli Stati
Uniti. Ma poiché l'Italia è conosciuta per l'arte,
l'opera, la moda, il cibo e il buon vino,
l'interesse verso la sua lingua si va diffondendo.°   **diffondendo** spreading
5 Anche se in molte città americane non esiste
più una vera e propria comunità italiana unita
e compatta, gli italiani si trovano un po' ovunque
e amano incontrarsi anche semplicemente per

¹⁰ scambiare due parole° e ascoltare la musicalità
della loro lingua.

Un uomo d'affari, che aveva vissuto tre anni
in Italia e parlava fluentemente italiano, decise di
aprire un negozio di abbigliamento e vendere
capi° italiani in una zona commerciale della città.
¹⁵ I giorni passavano ma le vendite erano poche. Il
negozio non saltava all'occhio° a nessuno e di
clienti neppure l'ombra.° Il proprietario era
depresso.

"Perché non metti un'insegna 'Qui si parla
²⁰ italiano'?" gli disse un giorno un suo amico
scaltro° negli affari.

L'idea, sulle prime,° sembrò funzionare. La
gente entrava e le vendite aumentarono un po'.
Ma dopo un mese tutto tornò come prima. O
²⁵ meglio, la gente continuò ad entrare ma non
per comprare, bensì per fare quattro chiacchiere°
in italiano.

Allora l'amico che aveva avuto l'idea
dell'insegna suggerì al proprietario del negozio
³⁰ una piccola modifica. E l'indomani apparve la
scritta: "Qui non si parla italiano, ma si vende
a buon mercato."°

Da allora i clienti si moltiplicarono° e il
proprietario non poté mai ringraziare
³⁵ abbastanza l'amico per la brillante idea.

scambiare due parole
to talk

capi items

non saltava all'occhio
it did not attract
attention
di clienti neppure
l'ombra no
customers at all

scaltro astute

sulle prime at the
beginning

fare quattro
chiacchiere to talk

a buon mercato cheap
si moltiplicarono
they increased

◄ COMPRENSIONE ►

A. Numeri le seguenti frasi in ordine cronologico.

a. (   ) Un amico gli disse che aveva bisogno di un'insegna
con scritto "Qui si parla italiano."
b. (   ) Le persone entravano ma nessuno comprava.
c. (   ) Un uomo d'affari aprì un negozio di abbigliamento.
d. (   ) Il proprietario del negozio non poté mai ringraziare
abbastanza il suo amico.
e. (   ) Da allora i clienti aumentarono.
f. (   ) L'amico consigliò di modificare l'insegna in questo
modo: "Qui non si parla italiano, ma si vende a
buon mercato."

B. Rispondi alle seguenti domande con frasi complete.

   1. L'italiano è molto parlato negli Stati Uniti?

   2. Quali aspetti della cultura italiana interessano gli americani?

   3. A quale mezzo ricorrono per attirare l'attenzione sul negozio?

   4. All'inizio funziona?

   5. Poi che cosa succede?

   6. Qual è la seconda strategia?

   7. Quali sono i risultati?

C. E tu?

   1. Pensi sia importante conoscere altre lingue? Perché?

   2. Perché studi l'italiano?

   3. Quali aspetti della cultura italiana ti interessano di più?

   4. Sei mai stato in Italia? Se sì, dove?

   5. Se no, dove ti piacerebbe andare?

   6. Conosci persone italiane?

   7. Ti piacerebbe avere un negozio? Di quale genere?

   8. Ti piace il contatto con il cliente o con le persone in generale?

◖◗ VOCABOLARIO ◖◗

A. **List** five words related to each of the following topics: *arte, opera, moda, cibo.*

B. **Match** the following synonyms.

A	B
1. diffondere	**a.** aumentare
2. unito	**b.** astuto
3. lingua	**c.** idioma
4. brillante	**d.** compatto
5. saltare all'occhio	**e.** stendere
6. scaltro	**f.** intelligente
7. incrementare	**g.** acquistare
8. comprare	**h.** richiamare l'attenzione

ᓚᑕ VERBI ᓚᑕ

A. Insert the *imperfetto* form of the verb in parentheses.

1. In molte città americane _____ un vero e proprio quartiere italiano. *(esistere)*
2. Nel passato, molti italiani _____ per cercare fortuna altrove. *(emigrare)*
3. Come tutti gli immigranti, anche gli italiani _____ di riprodurre nel paese ospitante il loro stile di vita. *(cercare)*
4. Gli affari non _____ bene. *(andare)*
5. Le vendite _____ scarse. *(essere)*
6. _____ un'idea per promuoverle. *(occorrere)*

B. Supply the corresponding verb for each of the following nouns.

1. diffusione
2. incontro
3. scambio
4. decisione
5. apertura
6. aumento
7. chiacchiera
8. consiglio

ᓚᑕ STRUTTURA ᓚᑕ

A. Complete the following sentences using the preposition *da* + time expression.

ESEMPIO: Studio italiano _____.
Studio italiano da due mesi.

1. Abitiamo a Chicago _____.
2. Mi interesso di arte _____.
3. Vi siete trasferiti _____.
4. Lavorano in un negozio _____.
5. Ha cambiato lavoro _____.
6. Si conoscono _____.
7. C'è l'insegna _____.
8. La gestione è cambiata _____.

B. Change the following sentences using the impersonal *si*.

ESEMPIO: (Le persone) generalizzano troppo.
Si generalizza troppo.

1. Se il prodotto costa caro, la gente non compra.
2. Comprano dove c'è la convenienza.
3. Vendono a buon mercato.
4. Qui pagano ovunque con la carta di credito.
5. In Italia le persone pagano quasi sempre in contanti.
6. Non emigriamo più.

91

20.

I compiti

PRIMA DI LEGGERE: *È importante che i genitori aiutino i figli nei compiti? Cosa pensi?*

"Giorgio!" disse la signora Martini. "Spegni il televisore e vieni ad aiutare Barbara con i compiti di matematica. Se non guardi la televisione, leggi il giornale. Smettila ed aiutala. È l'ultima possibilità che hai di aiutarla."

"Non ti capisco," rispose il marito.

"Sì, Giorgio, è la tua ultima possibilità," disse la signora.

"Ma se ha ancora anni di scuola davanti a lei . . . "

"Sì," rispose la moglie sarcasticamente° "ma il prossimo anno sarà alle medie e tu non sarai in grado di aiutarla, perché saranno cose troppo difficili per te."

sarcasticamente
sarcastically

15 "Molto divertente," rispose el marito.

Sebbene seccato° dal sarcasmo della moglie,
il signor Martini adorava la sua bambina. Aveva
qualche difficoltà in matematica e voleva aiutarla.
Perciò spense il televisore e andò ad aiutare
20 Barbara con i compiti. Ma il signor Martini
continuava a pensare alla partita di pallone.°
Non riuscendo a concentrarsi, non fu in grado
di spiegare chiaramente gli esercizi alla figlia e
le fece fare un sacco di errori. Alla fine, Barbara
25 ringraziò il padre.

Il giorno dopo, la professoressa di matematica
dedicò° l'intera lezione a far domande sugli esercizi
di compito. Barbara, pensando di avere le risposte
giuste, alzò la mano per rispondere ad ogni
30 domanda.

Sfortunatamente, quasi tutte le sue risposte
erano sbagliate.

Alla fine la professoressa le disse: "Barbara,
non riesco a capire come una persona sola possa
35 fare così tanti errori."

"Veramente, signorina, non è stata una persona
sola. Tutti questi errori sono opera di due persone.
Mio padre, infatti, mi ha aiutato nei compiti."

seccato annoyed

partita di pallone
soccer game

dedicò she spent

◖ COMPRENSIONE ◗

A. Rispondi alle seguenti domande con frasi complete.

1. Che cosa stava facendo il signor Martini?
2. Che cosa gli dice sua moglie?
3. Sua figlia ha difficoltà in quale materia?
4. Perché la signora Martini dice a suo marito che è la sua ultima possibilità di aiutare la figlia nei compiti?
5. Qual è la reazione del signor Martini?
6. Il signor Martini aiuta sua figlia?
7. Riesce a concentrarsi? Perché?
8. Il signor Martini spiega gli esercizi in modo chiaro?
9. Che cosa succede il giorno dopo, durante la lezione di matematica? Barbara risponde correttamente?
10. Che cosa le dice la professoressa?
11. Che cosa risponde Barbara?

B. E tu?

1. È importante studiare? Perché?
2. Pensi che una persona che ha studiato molto possa avere un lavoro migliore? Ci sono delle eccezioni? Quali sono?
3. I genitori dovrebbero interessarsi agli studi dei loro figli? Perché?
4. Ti aiutano nei compiti?
5. Quando hai qualche difficoltà in una materia, chiedi aiuto? A chi?
6. I tuoi compagni di classe ti aiutano se non capisci qualcosa? E tu li aiuti se non capiscono?

◖◖ VOCABOLARIO ◗◗

A. Explain the meaning of the following expressions containing the word *sacco*.

1. sembrare un sacco
2. vuotare il sacco
3. mettere qualcuno nel sacco
4. cogliere qualcuno con le mani nel sacco
5. fare qualcosa con la testa nel sacco
6. farina del proprio sacco
7. tornare con le pive nel sacco
8. avere un sacco di cose (da fare)

B. Write a sentence for each of the expressions in exercise A.

◖◖ VERBI ◗◗

A. Supply the *imperativo* of the verbs given in parentheses.

1. Giorgio, _____ il televisore e _____ tua figlia nei compiti. *(spegnere/aiutare)*
2. Barbara, _____ di giocare e _____ i tuoi compiti. *(smettere/fare)*
3. _____ libera la linea. Devo telefonare. Tu puoi telefonare più tardi. *(lasciare)*
4. _____ di più così avete voti migliori. *(studiare)*
5. _____ i miei consigli e non vi pentirete. *(seguire)*
6. _____ silenzio o vi do una nota. *(fare)*
7. _____, altrimenti arrivi tardi a scuola. *(alzarsi)*
8. _____ gentile, _____ tua figlia. *(essere/aiutare)*

B. Supply the past participle of the following verbs.

1. dire	**7.** seccare
2. spegnere	**8.** riuscire
3. andare	**9.** concentrare
4. venire	**10.** fare
5. rispondere	**11.** sbagliare
6. aiutare	**12.** essere

⊲⊲ STRUTTURA ⊳⊳

A. Adverbs: From the following adjectives, form the corresponding adverb that ends with -*mente*.

ESEMPIO: amichevole—amichevolmente

1. gentile	**5.** sarcastico
2. veloce	**6.** diligente
3. ultimo	**7.** prossimo
4. difficile	**8.** svogliato

B. Supply the correct *aggettivo possessivo*.

1. Barbara è alle prese con i _____ problemi di matematica.

2. Giorgio sta guardando alla televisione la _____ squadra del cuore.

3. Maria e Mario sono nella mia classe. Le _____ risposte sono quasi sempre giuste.

4. Prima di uscire, dovete finire i _____ compiti.

5. I _____ professori sono tutti piuttosto severi e se non faccio i compiti devo sorbirmi i _____ rimproveri.

6. Barbara ha fatto tutti gli esercizi, ma le _____ risposte sono tutte sbagliate.

21.
Un ex-studente

PRIMA DI LEGGERE: *Immagina che siano passati cinque anni da quando ti sei diplomato. Per caso incontri uno dei tuoi vecchi insegnanti. Ti fai riconoscere o ti nascondi?*

L'altro giorno stavo aspettando la metropolitana°   **metropolitana** subway
a Milano. Improvvisamente vidi il signor Jones,
il mio vecchio insegnante di Italiano di quando
ancora vivevo a New York. Quando ero nella
5 sua classe, non ero uno studente modello. Una
volta mi chiese: "Dimmi l'indicativo presente del
verbo 'andare.'"

Invece di rispondere "Io vado, tu vai, egli va,
e così via" risposi: "tutti vanno."

10 Quel giorno presi uno zero ed una nota sul
diario: "Suo figlio è un monello."°

Appena vidi il signor Jones, mi avvicinai.

"Che piacere rivederLa" mi disse, stringendomi
la mano.

15 Io dissi: "Si ricorda di me, sono Jim White,
lo studente monello della sua classe di italiano."

"Certamente," rispose. "Gli insegnanti ricordano
sempre i loro studenti monelli."

Chiacchierammo° per alcuni minuti, ed infine
20 mi disse: "In verità, sto cercando un treno per
andare all'università. Ho intenzione di iscrivermi
ad un corso di letteratura italiana."

Gli fornii le indicazioni necessarie ed egli si
profuse in ringraziamenti.°

25 "Jim, sei davvero uno studente modello!" mi
disse, stringendomi la mano.

"Sicuramente intende dire monello, signor
Jones," risposi ridendo. "Non ricorda il giorno in
cui mi diede uno zero e la nota in condotta? Per
30 essere certo di arrivare a destinazione, perché non
chiede informazioni ad un addetto? Il suo italiano
è sicuramente perfetto."

Egli mi disse timidamente: "Veramente ho cercato
di chiedere all'addetto e a molte altre persone, ma
35 nessuno sembra parlare o capire l'italiano!"

monello rascal,
troublemaker

Chiacchierammo
We talked

**si profuse in
ringraziamenti** he
thanked profusely

✿ COMPRENSIONE ✿

A. Rispondi alle seguenti domande con frasi complete.

1. Chi è il signor Jones?
2. Dove sono Jim e il signor Jones?
3. Jim era uno degli studenti migliori nella classe di italiano?
4. Perché aveva preso zero e una nota?
5. Che cosa chiede a Jim il professor Jones?
6. Perché il professor Jones va all'università?
7. Il signor Jones ha chiesto a qualcun altro le indicazioni per il treno?
8. Il signor Jones pensa che tutti parlino italiano in Italia?

B. E tu?

1. Prendi la metropolitana per andare a scuola o al lavoro?
2. I tuoi insegnanti sarebbero contenti di rivederti dopo molti anni? Perché o perché no?
3. Chiedi volentieri informazioni o ti secca? Perché?
4. Sai come muoverti nella città in cui vivi?
5. Pensi che il signor Jones parli un buon italiano? Perché?

◖ VOCABOLARIO ◗

Match the following synonyms.

A	B
1. insegnante	**a.** ateneo
2. monello	**b.** gioia
3. università	**c.** professore
4. piacere	**d.** discolo
5. dare	**e.** informazione
6. indicazione	**f.** fornire

◖ VERBI ◗

A. Supply the *imperativo* of the verbs given in parentheses. Use the person given

1. _____ garbatamente, per favore. *(rispondere/tu)*
2. Non _____ in classe. *(sbadigliare/voi)*
3. Non _____ quando il professore spiega. *(chiacchierare/tu)*
4. _____ firmare la nota ai tuoi genitori. *(fare/tu)*
5. _____ di più, se volete passare l'esame. *(studiare/voi)*
6. Non _____ delle sue informazioni. *(fidarsi/voi)*

B. Give the past participle of the following verbs.

1. incontrare	7. fornire
2. prendere	8. profondersi
3. venire	9. intendere
4. stringere	10. chiedere
5. ricordare	11. cercare
6. avere	12. capire

⟪ STRUTTURA ⟫

A. Adverbs to adjectives: For each of the following adverbs, give the corresponding adjective.

ESEMPIO: amichevolmente—amichevole

1. improvvisamente
2. sicuramente
3. certamente
4. timidamente

5. affettuosamente
6. moderatamente
7. attentamente
8. necessariamente

B. Change the following informal sentences into formal ones.

1. Che piacere rivederti dopo tanti anni?
2. Ti ricordi ancora di me?
3. Come potrei averti dimenticato?
4. Scusa, mi sai dire che treno devo prendere per andare in Piazza del Duomo?
5. Hai intenzione di iscriverti all'università?
6. Come va il tuo italiano?

22.
Un uccello straordinario

PRIMA DI LEGGERE: *Quando vai in vacanza,
quali regali ti piace portare ai tuoi familiari
ed amici?*

Edoardo viaggia molto e ovunque va compra
regali per la sua famiglia. Gli piace soprattutto
fare affari.°

    affari bargains

Quando tornò dal suo ultimo viaggio, passò
5 un sacco di tempo alla dogana° che controllò
tutti i suoi bagagli. Aveva con sé: un grosso
cappello di paglia° per suo padre, l'imitazione

    dogana customs

    paglia straw

di un orologio di marca per suo fratello, un
pareo per sua sorella, un ventaglio° per sua   **ventaglio** fan
10 nonna e per sua mamma un uccello che, stando
alle parole del commesso del negozio, poteva
parlare diverse lingue.

Quando arrivò a casa, tirò fuori velocemente i
regali dalle valige e andò a farsi tagliare i capelli.
15 La sera, la mamma preparò una deliziosa
cena per tutta la famiglia. Alle otto si misero a
tavola. Il piatto forte° era pollo con il riso, la   **piatto forte** main
pietanza preferita di Edoardo.   course

"Allora, che te ne pare dell'uccello?" chiese
20 Edoardo alla mamma. Naturalmente si riferiva al
regalo che le aveva dato appena tornato.

Sua mamma, pensando alla cena appena
servita, gli disse che non le sembrava molto
saporito.°   **saporito** tasty
25 "Mamma, non sto parlando del pollo. Sto
parlando del regalo, l'uccello che ti ho portato."

"L'uccello!" esclamò la mamma. "Credevo che
fosse un pollo, perciò l'ho cucinato con il riso."

"Che cosa? Come hai potuto fare una cosa
30 simile? Quell'uccello era molto intelligente.
Parlava sette lingue."

"Se parlava così tante lingue, perché non mi
ha detto niente quando l'ho messo nella pentola?"°   **pentola** pot

ᘔ COMPRENSIONE ᘔ

A. Rispondi alle seguenti domande con frasi complete.

1. Che cosa fa spesso Edoardo?
2. Che cosa porta dai suoi viaggi?
3. Che cosa ha portato l'ultima volta a suo padre?
4. E a sua madre?
5. Che cosa ha fatto la mamma per festeggiare il ritorno di Edoardo?
6. Quale piatto ha cucinato?
7. Che fine ha fatto il regalo che Edoardo ha portato a sua madre?

B. E tu?

1. Ti piace viaggiare?
2. Quali sono le tue mete preferite?
3. Quando torni da un viaggio, porti regali alla famiglia e agli amici?
4. Di solito che genere di regali compri?

◖ VOCABOLARIO ◗

A. Complete the following sentences with the correct word.

1. Mio papà è il _____ di mia mamma.
2. I genitori di mio papà sono i miei _____.
3. La sorella di mia mamma è mia _____.
4. I figli dei miei zii sono i miei _____.
5. Se vuoi comprare qualcosa in un negozio ti rivolgi al _____.
6. Parlando di mangiare, qual è il tuo _____ favorito?

B. Indicate the word tha does not fit in the group.

1. viaggio / bagaglio / ventaglio / passaporto
2. regalo / passato / presente / pensiero
3. fissare / imitare / copiare / riprodurre
4. piatto / pietanza / vivanda / locanda
5. malizioso / delizioso / squisito / prelibato
6. pentola / legame / tegame / padella

◖ VERBI ◗

A. Change the *passato prossimo* into the *passato remoto* in the following sentences.

1. Edoardo è arrivato da un viaggio.
2. Ha portato regali per tutta la famiglia.
3. I poliziotti della dogana hanno controllato tutti i suoi bagagli.
4. I suoi familiari hanno apprezzato i regali.
5. La cena, preparata dalla mamma per il suo ritorno, è stata deliziosa.
6. Che fine ha fatto il regalo della mamma?

B. Complete the following sentences with *mi piace/mi piacciono*.
1. _____ viaggiare.
2. _____ i lunghi viaggi in paesi esotici.
3. _____ comprare regali per tutta la famiglia.
4. _____ molto il pollo con il riso.
5. _____ le sorprese.
6. _____ le lingue straniere.

⁌ STRUTTURA ⁍

A. Supply the adverb of frequency given in parentheses in the following sentences.
1. Edoardo parte per lunghi viaggi. *(spesso)*
2. Quando ritorna, porta regali a tutti. *(molto spesso)*
3. Viaggia con degli amici. *(ogni tanto)*
4. Va con i suoi fratelli. *(quasi mai)*
5. I suoi genitori vanno all'estero. *(mai)*
6. Vanno al ristorante. *(una volta al mese)*

B. Supply the correct form of the *aggettivo dimostrativo "quello"* in the following sentences.
1. _____ viaggio è stato molto interessante.
2. _____ attesa alla dogana, l'ha distrutto.
3. Dopo _____ scandalo i controlli sono severi.
4. A suo fratello non è piaciuto _____ orologio che gli ha portato.
5. _____ cena era deliziosa.
6. Perché tutto _____ stupore.

23.
Progetti per il futuro

PRIMA DI LEGGERE: *Se potessi permetterti di vivere senza lavorare cosa faresti? Come impiegheresti il tuo tempo e il tuo denaro?*

È tarda sera in casa Bianchi. Luca, un ragazzino di dodici anni, ha appena finito di fare i compiti e aspetta orgoglioso° che Alfredo, suo padre, legga il componimento.

5   "Ah, il titolo è Che cosa farò da grande." osserva il padre e incomincia a leggere. "Da grande voglio viaggiare per il mondo: visitare città ed incontrare nuovi amici . . ."

Papà Alfredo è un po' perplesso:° "Vedi, Luca,
10 il tuo futuro non è solo un gioco, devi fissare mete° ed obiettivi."

orgoglioso proud

perplesso perplexed

mete goals

104

"Lo so papà, lo so" ribatte° Luca con aria di sufficienza° "Vai avanti a leggere e vedrai . . . "

"Diventerò un fuoriclasse in moltissimi sport.
15 Costruirò una piscina per allenarmi a nuotare ed un campo da tennis per perfezionare il mio stile. Comprerò una barca a vela, una macchina da corsa ed una moto fuoristrada ed imparerò a guidarle in maniera provetta."°

20 Papà Alfredo passa dalla perplessità alla preoccupazione: "Vedi figliolo, non sono questi gli obiettivi che devi porti per il futuro. Devi pensare allo studio, al lavoro ed alla carriera."

Luca è corrucciato:° "Ma papà, io preferisco
25 passare il tempo all'aria aperta con gli amici piuttosto che chiudermi tutto il giorno in un ufficio."

A questo punto il padre è davvero esasperato:° "Prendi il mio caso, per esempio. Ho pianificato i miei studi e tutte le tappe della mia carriera e sai
30 perché? Perché in questo modo posso garantire i soldi che servono a mantenere la famiglia. Come pensi di fare a permetterti tutte le belle cose che hai descritto nel tuo tema?"

Luca tira un sospiro di sollievo:° "Ah, era
35 questo che ti preoccupava. L'ho scritto proprio alla fine." Gli strappa il foglio di mano ed inizia a leggere con entusiasmo la frase conclusiva: "Per fare tutte queste cose userò i soldi che guadagna mio papà. Lui è così impegnato a lavorare che
40 non ha il tempo per spendere un centesimo."

ribatte he replies

con aria di sufficienza condescendingly

in maniera provetta skilled

corrucciato angered

esasperato irritated

tira un sospiro di sollievo he breaths a sigh of relief

◖◗ COMPRENSIONE ◖◗

A. Rispondi alle seguenti domande con frasi complete.

  1. Quanti anni ha Luca?

  2. Chi è Alfredo?

  3. Che tipo di compito Luca ha appena finito di fare?

  4. Quali sono i progetti di Luca per il futuro?

  5. Suo padre è d'accordo?

  6. Alfredo lavora tanto?

  7. Come passa il tempo libero e come spende il suo denaro Alfredo?

B. E tu?

1. Se sei ancora uno studente, quali progetti hai per il tuo lavoro futuro?
2. Se invece lavori, ti piace il tuo lavoro?
3. Fare carriera è uno dei tuoi obiettivi più importanti? Perché?
4. Sei disposto a sacrificare amici, divertimento, etc. per la carriera?
5. Vale la pena di sacrificarsi per guadagnare tanti soldi e non avere il tempo di spenderli?
6. Pensi che i soldi siano sinonimo di felicità?
7. È meglio fare un lavoro che ti piace poco ma ti consente di guadagnare bene o un lavoro che ti piace di più ma che ti fa guadagnare poco?
8. Quante ore delle tua giornata passi al lavoro?

ᕦᏺ VOCABOLARIO ᏺᕤ

A. Match the synonyms.

A	B
1. componimento	a. traguardo
2. incominciare	b. replicare
3. perplesso	c. asso
4. meta	d. tema
5. ribattere	e. iniziare
6. fuoriclasse	f. titubante
7. pianificare	g. provvedere
8. mantenere	h. programmare

B. Indicate the word that does not fit in the group.

1. desideroso / diligente / volonteroso / studioso
2. osservare / guardare / manifestare / esaminare
3. futuro / avvenire / domani / venire
4. benessere / ricchezza / disagio / fortuna
5. asso / capo / campione / fuoriclasse
6. professione / impegno / lavoro / impiego

ᗕᗺ VERBI ᗭᗫ

A. Supply the *futuro semplice* of the verbs in parentheses.

1. Se tu _____, _____ l'esame. *(studiare/passare)*

2. Se tu _____ il mio tema, _____ i miei piani per il futuro. *(leggere/scoprire)*

3. Se _____, _____ il vostro risultato. *(allenarsi/ migliorare)*

4. Se il ragazzo non _____, _____ a fare delle bambinate che gli _____. *(maturare/continuare/nuocere)*

5. Michela e Laura _____ a giocare a tennis, se Luca e Piero _____ in tempo. *(andare/arrivare)*

6. Quando io _____, _____ un impiego a tempo pieno. *(lavorare/scegliere)*

B. Change the *presente* into the *futuro semplice.*

1. Alfredo legge il tema di Luca.

2. Da grande voglio viaggiare e divertirmi con gli amici.

3. Se leggi fino in fondo, capisci i miei desideri.

4. Lavoriamo molto per provvedere alla famiglia.

5. Con quel progetto siete occupati dieci ore al giorno.

6. Passano le vacanze in giro o cercano un lavoro temporaneo?

ᗕᗺ STRUTTURA ᗭᗫ

A. Adverbs: Give the corresponding adverb for the following adjectives.

1. orgoglioso	**7.** grande
2. serio	**8.** giocoso
3. preoccupato	**9.** brusco
4. molto	**10.** attento
5. esasperato	**11.** descrittivo
6. avaro	**12.** indaffarato

B. Superlatives: Give the superlative form for all the adjectives in exercise A.

24.
Il concerto

PRIMA DI LEGGERE: *Quale tipo di musica consideri "in voga"? Pensi che il walzer potrebbe
essere considerato musica "in voga"? Perché?*

Giovanni era un genio, un genio musicale. Le
sue composizioni erano migliori di quelle di
Verdi. Suonava° il piano meglio di Clementi, il   **Suonava** He played
violino meglio di Paganini, la chiatarra meglio di
5 Segovia e il violoncello meglio di Casals. Chi
diceva tutto questo? Il suo insegnante di musica.
E chi lo credeva? Solo il padre di Giovanni, un
ricchissimo uomo d'affari.

Quando uno ha un figlio così geniale, l'unica
10 cosa da fare è organizzare° un concerto.

Il signor Coletti (così si chiamava il padre di
Giovanni) si rivolse ai suoi parenti. Spedì loro gli
inviti promettendo, dopo il concerto, rinfresco° e
regali. Ognuno avrebbe ricevuto un cestino di
15 frutta fresca —arance, mele, uva e ciliege —alla
fine del concerto.

"In molti verranno" disse. Butteranno giù° le
porte per entrare.

Ma i parenti si rifiutarono di partecipare. Non
20 volevano soffrire. Che cosa sarebbe successo? A
chi rivolgersi per un consiglio? Il signor Coletti
andava rattristandosi° sempre più. Che fare?

Alla fine ebbe un'idea straordinaria. Nell'elenco
telefonico c'erano molti Coletti. Avrebbe spedito
25 l'invito a ognuno di loro. Tutti avrebbero pensato
che Giovanni fosse un parente e sarebbero corsi
a sentire il genio di famiglia.

La sera del concerto centinaia di Coletti
arrivarono. Nella sala che i Coletti avevano
30 nella loro immensa casa non c'era una sedia
libera. Molte persone lamentarono° il fatto di
dover stare in piedi. Il piccolo genio cominciò
a suonare il "Walzer minuto." Subito un uomo
entrò nella stanza e gridò: "Signor Coletti, la sua
35 casa è in fiamme!"

Tutti corsero via immediatamente.

Il giorno dopo, sul giornale apparve questa
recensione:° Il giovane genio, Giovanni Coletti, ha
battuto il record.° Ha suonato il "Walzer minuto"
40 in soli dieci secondi.

organizzare to arrange

rinfresco refreshments

butteranno giù they
will break down

rattristandosi getting
sad

lamentarono they
complained

recensione review

ha battuto il record
he broke a record

◖◗ COMPRENSIONE ◖◗

A. Completa le frasi con le parole o le espressioni tra parentesi.

1. Giovanni suona il violino (meglio di, peggio di, come) Paganini.
2. Il padre di Giovanni è (molto ricco, ricco, benestante).
3. Il signor Coletti (compra, manda, riceve) gli inviti per il concerto del figlio.
4. I parenti rifiutano di (recitare la parte, portare regali, prendere parte) al concerto.
5. Il signor Coletti è (triste, arrabbiato, affaticato).
6. Gli viene la (brillante, lucida, sciocca) idea di invitare tutti i Coletti che sono sull'elenco telefonico.
7. I Coletti intervengono (numerati, numerosi, nominati).
8. Il concerto dura (poche ore, pochi istanti, pochi minuti).

B. Rispondi alle seguenti domande con frasi complete.

1. Chi pensava a Giovanni come ad un genio musicale?
2. Perché il signor Coletti ha deciso di invitare i parenti?
3. Quale idea straordinaria ha avuto il signor Coletti?
4. Perché, all'improvviso, tutti gli spettatori del concerto se ne vanno?
5. Quale record ha battuto Giovanni?

C. E tu?

1. Ti piace la musica? Che genere?
2. Vai mai ai concerti?
3. Sai suonare qualche strumento?
4. Ti piace cantare?
5. Per che cosa ti senti particolarmente portato?
6. Hai mai partecipato a qualche manifestazione artistica (pittura, scultura, teatro, musica, etc.) come protagonista?
7. Se fossi una stella, chi vorresti essere? Perché?

◖◗ VOCABOLARIO ◖◗

Cognates: In the story find the Italian equivalents for the following English words.

1. violin
2. genius
3. organize
4. compositions
5. concert
6. participate
7. family
8. seconds
9. invitation
10. extraordinary

∽ VERBI ∾

A. Match each verb with its corresponding noun.

A	B
1. accordare	**a.** un concerto
2. suonare	**b.** un record
3. battere	**c.** una mela
4. sbucciare	**d.** la tromba
5. spedire	**e.** il pianoforte
6. organizzare	**f.** un invito

B. Give the verb for each of the following expressions.

ESEMPIO: Diventare malato—ammalarsi

1. Diventare triste
2. Diventare allegro
3. Diventare calmo
4. Diventare nervoso

∽ STRUTTURA ∾

A. Complete the following sentences with the indefinite pronouns *ognuno* or *tutti*.

1. Il professore di musica credeva che _____ fossero dei geni.
2. _____ si vantava del proprio talento.
3. _____ pensavano di avere della stoffa.
4. _____ si credevano pronti per un concerto.
5. Pensavano che alla fine dell'esecuzione _____ avrebbe ricevuto un premio.
6. _____ si aspettavano l'applauso, ma invece ci furono interminabili fischi.

B. Complete the following sentences with the comparative of the adverbs *bene* and *male*.

1. Giovanni suona il violino _____ di Paganini.
2. Luca suona la chitarra _____ di me. Io non sono molto bravo.
3. Parli _____ spagnolo o francese?
4. _____ rifiutare l'invito che soffrire.
5. Non vengono? _____ per loro.
6. _____ soli che male accompagnati.

25.

Colpevole o innocente?
(prima parte)

PRIMA DI LEGGERE: *Sei in grado di capire quando qualcuno ti mente? Come lo sai?*

Primo caso:

"Non sono colpevole, Vostro Onore. Sono innocente," disse il primo imputato.° "Non ho rubato° la radio. Le racconterò quello che è
5 accaduto. Stavo camminando lungo la strada alle

imputato defendant

ho rubato I stole

112

tre del mattino. Ho visto che la vetrina° di un
negozio alla mia destra era rotta. Naturalmente mi
sono fermato a guardare. In fondo alla vetrina c'era
una grossa scatola e dentro alla scatola una radio.
10 Non sapevo a chi appartenesse.° Non volevo
lasciarla lì perché qualche persona disonesta
avrebbe potuto prenderla. Poiché in giro non
c'erano poliziotti, decisi di portarla alla stazione
di polizia che si trova all'angolo della strada. Ero
15 molto agitato e confuso. Questo è il motivo per
cui ho cominciato a camminare nella direzione
opposta. Finché un poliziotto non mi ha fermato e
mi ha chiesto della radio. Poiché rispetto la polizia
e obbedisco ai suoi ordini, gli ho consegnato la
20 radio. Sempre per aiutare il poliziotto l'ho seguito
al comando e lui mi ha portato in tribunale."°
    Secondo caso:
    "Vostro Onore," disse il più vecchio dei due
uomini accusati di aver rubato una borsa,° "il
25 mio vicino ed io siamo entrambi innocenti. La
donna si sbaglia.° Il mio amico ed io stavamo
camminando lungo la strada e questa donna
stava camminando davanti a noi. All'improvviso
si è girata e ha cominciato a colpirci° con la
30 borsa. Poi ha iniziato a gridare. Siccome non
volevamo svegliare tutti quelli che dormivano,
siamo scappati. A quel punto abbiamo visto il
poliziotto, ci siamo avvicinati e abbiamo chiesto
protezione. Ecco perché ci troviamo in tribunale.
35 Per dimostrarLe che siamo onesti, vogliamo
restituire i soldi che sono caduti sul marciapiede°
mentre la donna ci stava colpendo."

vetrina window

appartenesse it belonged

tribunale court

borsa purse

si sbaglia is mistaken

colpirci to hit us

marciapiede sidewalk

✎❦ COMPRENSIONE ❦✎

A. Rispondi alle seguenti domande con frasi complete.

1. Il primo imputato è accusato di aver rubato che cosa?
2. Dove ha preso l'oggetto rubato?
3. Perché non è andato subito alla polizia?
4. Nel secondo caso, quanti sono gli imputati?
5. Che cosa hanno fatto?
6. Secondo la loro versione dei fatti, che cosa ha fatto la donna?
7. Per dimostrare le loro buone intenzioni, che cosa intendono fare?

B. E tu?

1. Se trovi qualcosa e non sai a chi appartiene, la consegni alla polizia?
2. Hai mai assistito ad uno scippo?
3. Sei mai stato scippato?

✎❦ VOCABOLARIO ❦✎

A. Match the antonyms.

A	B
1. colpevole	**a.** calmo
2. agitato	**b.** allontanarsi
3. destra	**c.** restituire
4. disonesto	**d.** retto
5. avvicinarsi	**e.** sinistra
6. tenere	**f.** innocente

B. Indicate the word that does not fit in the group.

1. giudice / avvocato / poliziotto / giuria
2. ladro / scippatore / rapinatore / controllore
3. corte / aula / tribunale / piazza
4. sentenza / giudizio / vendetta / verdetto
5. prigione / galea / galera / carcere
6. portachiavi / borsa / borsellino / portafoglio

❦ VERBI ❧

A. Replace the *imperfetto* with the *imperfetto* of *stare + gerundio* of the verb.

ESEMPIO: I due amici chiacchieravano allegramente.
I due amici stavano chiacchierando allegramente.

1. Il primo imputato camminava per strada alle tre del mattino.
2. Andava a casa?
3. Si dirigeva nella direzione giusta per andare alla stazione di polizia?
4. La donna scippata gridava.
5. Tutto il vicinato dormiva.
6. I ladri fuggivano.

B. Complete each sentence with the present tense of *volere + infinito*.

1. L'imputato _____ la sua versione dei fatti. *(fornire)*
2. Vede una radio e non la _____ lì. *(lasciare)*
3. _____ la radio alla polizia. *(consegnare)*
4. Nel secondo caso gli accusati scappano perché non _____ i vicini. *(svegliare)*
5. Per dimostrare la loro buona fede _____ il denaro. *(restituire)*

❦ STRUTTURA ❧

A. Plurals: Give the plural of the following nouns and indicate whether they are masculine or feminine.

1. imputato
2. stazione
3. poliziotto
4. bugia
5. negozio
6. uomo
7. borsa
8. verità

B. Adverbs: Add the adverbs *qui/qua, lì/là* to the following sentences.

1. Questo caso è dubbio.
2. Quei due imputati sono sfacciati.
3. Venga vicino, altrimenti non la sento.
4. Vada in fondo, dove si può fumare.
5. Questi due sono recidivi.
6. Quell'avvocato ha molta esperienza.

26.
Colpevole o innocente?
(seconda parte)

PRIMA DI LEGGERE: *Che cosa pensi di un*
giudice che lascia libero un colpevole e
mette in prigione un innocente? Credi che
succeda spesso?

Terzo caso:
"Vostro Onore, non sono un ladro. Non ho
mai visto questi gioielli° in vita mia! Un   **gioielli** jewels
estraneo,° lungo la strada, mi si è avvicinato, **estraneo** stranger
5 dicendo che avevo l'aria di una persona onesta. Mi
ha dato un pacchetto e mi ha detto di metterlo
in tasca.° Lui non poteva farlo perché nella sua **tasca** pocket

c'era un buco. Sarebbe andato dal sarto° a
farla cucire e sarebbe stato di ritorno dopo
10   dieci minuti.

    Ho creduto a tutto quello che mi ha detto. Mi
ha lasciato il pacchetto e se n'è andato.

    Pochi minuti dopo, una coppia di vecchi amici
mi ha chiesto di aprire il pacchetto per
15   vederne il contenuto.

    Così siamo entrati in un edificio° abbandonato,
abbiamo aperto il pacchetto e sono caduti i gioielli.
In quel preciso istante è arrivata la polizia e mi ha
portato in tribunale."
20   Quarto caso:

    "Sono colpevole," disse l'imputato successivo,
"di essere in competizione con lo stato. Produco
soldi e li vendo a un prezzo molto più conveniente
dello stato. Per spirito patriottico smetterò di fare
25   questo lavoro e cercherò qualcosa di più onesto."

    Dopo aver ascoltato le testimonianze dei
quattro uomini, il giudice pronunciò la seguente
sentenza: "Condanno i primi tre uomini a sei mesi
di prigione.° Sospendo invece la sentenza per
30   l'ultimo imputato. Il quarto è libero di andare!"

    "Ma signore," disse l'avvocato accusatore,
"Perché ha lasciato libero quell'uomo? Anche lui
ha commesso un crimine ed è colpevole."

    "Lei ha ragione, avvocato, quell'uomo è
35   colpevole. Ma se lo mando in galera, tutti gli
innocenti si lamenteranno perché non vorranno
vivere con un criminale. Questa è la ragione per
cui l'ho lasciato andare."

sarto tailor

edificio building

prigione jail

◖ COMPRENSIONE ◗

A. Rispondi alle seguenti domande con frasi complete.

    1. Il terzo imputato si trova in possesso di che cosa?
    2. Come li ha avuti?
    3. Apre il pacchetto per la strada?
    4. Che crimine ha commesso il quarto imputato?
    5. Qual è la sentenza per ciascuno degli imputati?

B. E tu?

1. Ti piacerebbe fare il giudice? Perché?
2. E l'avvocato? Perché?
3. Sei mai stato membro di una giuria popolare?

◖ VOCABOLARIO ◗

A. Indicate the word that does not fit in the group.

1. bracciale / collana / orecchini / canarini
2. smeraldo / topazio / zaffiro / oro
3. bugia / frottola / trottola / menzogna
4. banca / banconote / soldi / denaro
5. competizione / riverenza / gara / concorrenza

B. Give the name of the person who fits the following descriptions.

1. Chi ruba o compie furti
2. Chi strappa di mano o di dosso qualcosa a qualcuno
3. Chi commette rapimenti
4. Chi stampa soldi falsi
5. Chi uccide qualcuno

◖ VERBI ◗

A. Supply the *condizionale presente* of the verbs given in parentheses.

1. Io _____ chiederLe una cortesia? *(potere)*
2. Signore, per favore mi _____ questo pacchetto per dieci minuti? *(tenere)*
3. Io _____ andare dal sarto a farmi cucire una tasca. *(dovere)*
4. _____ opportuno far presto. *(essere)*
5. Se non fossero colpevoli, non _____ in galera. *(finire)*
6. Se non fossero colpevoli, il giudice non li _____. *(condannare)*

B. Write six sentences using the present form of the verb *fare + infinito.*

✎ STRUTTURA ✎

A. Superlatives: For each of the following adjectives give the *superlativo*.

1. prezioso
2. disordinato
3. buono
4. conveniente

5. cattivo
6. onesto
7. vecchio
8. ricco

B. Prepositions: In the following sentences insert the appropriate preposition where necessary.

1. Ci vediamo _____ mezz'ora.
2. Arrivo _____ due ore.
3. Il negozio chiude _____ alle sette.
4. Mi sbrigo _____ un quarto d'ora.
5. Ti sto aspettando _____ un'ora.
6. Per fare due chilometri ho impiegato _____ quaranta minuti.
7. Non ti preoccupare, _____ un'ora lo finiamo.
8. Ripasso _____ due ore.

27.

In contatto via internet

PRIMA DI LEGGERE: *Sai usare il computer?*
In che misura? Quanto è importante il
computer nella tua vita?

Carolina, una giovane studentessa, passerà il
prossimo anno scolastico in Argentina. Prima della
sua partenza, la sua amica Beatrice commenta:
"Fortunatamente viviamo nell'era delle
5 comunicazioni. Non dovremo aspettare
lettere via posta, né pagare salatissimi° conti   **salatissimi** very
del telefono per chiamate internazionali.   expensive

Potremo comunicare via internet; la famiglia
con cui vivrai avrà sicuramente il collegamento.
10 Oggi quasi tutti l'hanno."

"Oh, Beatrice," ribatte° Carolina, "lo sai che
sono un cane° con i computer. Divento sempre
nervosa al pensiero che potrei cancellare un
programma o scaricare un virus. Non sono
15 capace ad usare internet."

"Ascolta, Carolina," dice Beatrice. "Dopo che
il computer è avviato, clicca due volte con il
mouse sulla connessione telefonica con la rete,°
poi sull'icona della posta elettronica. Scrivi il
20 messaggio e alla fine, cliccando su 'invia,' lo
spedisci. È tutto."

A Buenos Aires, Carolina, sebbene°
desiderosa di comunicare con la sua amica, è
nervosa al pensiero che qualcosa possa andare
25 storto° con il computer. Per rilassarsi, accende
una candela profumata. La giovane donna
segue le istruzioni passo dopo passo.° Ogni
cosa sta andando come Beatrice aveva detto,
ma, all'improvviso, lo schermo° del computer
30 diventa tutto nero. Carolina schiaccia un tasto
dopo l'altro ma lo schermo rimane nero.
Angosciata, chiama la sua amica con il cellulare.°
Beatrice cerca di tranquillizzarla, dandole altre
istruzioni ma Carolina dice:
35 "Non succede niente!"

"Controlla le connessioni dei cavi," le
suggerisce Beatrice.

"Non posso, non vedo niente," risponde
Carolina.
40 "Che cosa? Non vedi niente?" chiede Beatrice.

"No," dice Carolina. "Non riesco a veder
niente. Un po' fa la corrente elettrica è saltata
in tutta la casa!"

ribatte she replies

sono un cane I am very
  bad (at doing
  something)

rete net

sebbene although

andare storto to go
  wrong

passo dopo passo
  step-by-step

schermo screen

cellulare cellular phone

121

◡ COMPRENSIONE ◡

A. Scegli la risposta che meglio completa la frase.

1. Carolina è
   a. un'insegnante.
   b. un'argentina.
   c. un'amica di Beatrice.
   d. la sorella di Beatrice.
2. Beatrice e Carolina potranno comunicare
   a. via telefono.
   b. via internet.
   c. via posta aerea.
   d. con il cellulare.
3. Carolina dice di
   a. saper usare internet perfettamente.
   b. maneggiare internet molto bene.
   c. conoscere poco sull'uso di internet.
   d. di non sapere usare internet.
4. Beatrice spiega a Carolina come usare
   a. la posta elettronica.
   b. il virus.
   c. lo schermo.
   d. il disco rigido.
5. Lo schermo del computer diventa nero perché
   a. il computer si è rotto.
   b. Carolina ha acceso una candela profumata.
   c. la luce manca in tutta la casa.
   d. Carolina non ha controllato la connessione dei cavi.

B. Rispondi alle seguenti domande con frasi complete.

1. Dove va Carolina?
2. Chi è Beatrice?
3. Come chiamano l'era in cui vivono?
4. Quali vantaggi ha internet sulla posta aerea?
5. Perché i computer rendono Carolina nervosa?
6. Perché funzioni, quante volte devi cliccare sull'icona della posta elettronica?
7. Che cosa accende Carolina per rilassarsi?
8. Perché lo schermo del computer di Carolina rimane nero?

C. E tu?

1. Usi molto il computer? Per che cosa?
2. Sei nervoso quando devi usare il computer? Perché?
3. Perché i telefoni cellulari sono molto diffusi?
4. Per parlare con gli amici, preferisci usare internet o il cellulare? Perché?
5. Che cosa pensi del fatto di passare un anno scolastico in Argentina?
6. Conosci qualcuno che vive all'estero? Chi è?
7. Quand'è l'ultima volta che è saltata la corrente in casa tua?
8. Quand'è l'ultima volta che sei andato fuori dal paese? Dove sei andato?

◖ VOCABOLARIO ◗

A. Indicate the word that does not fit in the group.

1. parlare / comunicare / dialogare / tacere
2. lettera / rivista / busta / francobollo
3. schermo / tastiera / piano / mouse
4. inviare / ricevere / salvare / ammazzare
5. buio / elettricità / corrente / luce

B. Match the following synonyms.

A	B
1. telefonata	a. connessione
2. collegamento	b. caro
3. salato	c. sbagliato
4. usare	d. pigiare
5. accendere	e. adoperare
6. inviare	f. chiamata
7. storto	g. spedire
8. schiacciare	h. avviare

◖◗ VERBI ◖◗

A. Write the *futuro semplice* form of the verb in parentheses.

1. L'anno prossimo, Carolina _____ in Argentina. *(studiare)*
2. Carolina _____ con la sua amica Beatrice via internet. *(comunicare)*
3. I collegamenti _____ veloci e poco costosi. *(essere)*
4. Le bollette del telefono non _____ alle stelle. *(andare)*
5. Se voi _____ attentamente le istruzioni, tutto _____ per il meglio. *(seguire/funzionare)*
6. Non aver paura, non _____ nessun programma. *(cancellare)*

B. Change the *presente* into the *futuro semplice*.

1. Le due amiche si scambiano messaggi via internet.
2. Tutti noi usiamo il computer per comunicare.
3. Potete evitare di pagare conti astronomici per le chiamate internazionali.
4. Non dovete sopportare la lentezza della posta tradizionale.
5. Basta saper usare il mouse.
6. Non aver paura, non cancelli nessun programma.

◖◗ STRUTTURA ◖◗

A. Use the adverb *sempre* in each of the following sentences.

1. Carolina ha paura di combinare qualche guaio con il computer.
2. È ansiosa quando deve maneggiare il computer.
3. I suoi amici la prendono in giro.
4. Beatrice cerca di rassicurarla.
5. Con gli amici comunichiamo via internet.

B. Use the adverb *anche* in each of the following sentences.

1. Carolina parte per l'Argentina e si porta il cellulare.
2. La famiglia presso cui starà ha il collegamento internet.
3. Dobbiamo ricordarci di seguire quelle istruzioni.
4. Se salta la corrente, lo schermo del computer diventa nero.
5. Beatrice andrà in Argentina?

ᓚᓂ Italian-English Vocabulary ᓂᓗ

A

a, ad at, to
  a che ora? at what time?
  a volte at times
  alla volta at the same time
abbaiare to bark
abbassare to lower
abbastanza enough
abitante *(m.)* inhabitant
abitare to live, to dwell
abito suit
accettare to accept
accomodarsi *(m'accomodo)* to make
  oneself comfortable; to sit down
accordo agreement
  andare d'accordo con to get on
  well with
accorgersi to realize, to notice
acqua water
addormentarsi *(m'addormento)*
  to fall asleep
adesso now
aereo airplane
affair business, bargains
affatto quite
  non . . . affatto not at all
affidare to entrust
affittare to rent
agli a + gli
agosto August
ahimè alas
ai a + i
aiutare to help
al a + il
albergo hotel
alcuno some
all' a + l'
alla a + la
alle a + le
allegro cheerful
allontanarsi *(m'allontano)*
  to go away
allo a + lo

allora then
almeno at least
alto high, tall
  ad alta voce aloud
altrettanto as much
  altrettanto a Lei same to you
altrimenti otherwise
altro other
alunno pupil
alzare to lift
alzarsi *(m'alzo)* to get up
amare to love
amaro bitter
ambizioso ambitious
americano American
amicizia friendship
amico friend
ammazzare to kill
ammirare to admire
anche also
ancora still, yet
andare *(vado)* to go
angolo corner
animale animal
anno year
annoiare to bore
annoiari to be bored
annoiato bored
antico ancient
antipasto appetizers
anziché instead of
aperto (past part. of **aprire**) open
all'aperto outdoors
aperitivo before-dinner drink
apertura opening
apparecchiare to get ready, set a table
appartamento apartment
appartenere to belong to
appena as soon as, scarcely
appetito appetite
aprile April
aprire to open
aria air

arrivare to arrive
arrivederci til we meet again!
arrosto *(noun)* roast; *(adj.)* roasted
arte *(f.)* art
ascoltare to listen, to listen to
asilo kindergarten
aspettare to wait, to wait for
aspetto appearance
assente absent
attaccare to attach, bind
attento attentive
attenzione *(f.)* attention
attonito astonished
autista *(m.)* driver
automobile *(f.)* automobile
autunno autumn, fall
avere *(ho)* to have
avvenire *(v.)* to happen
avventura adventure
avvicinarsi *(m'avvicino)* to approach, draw near
avvocato lawyer

B

bagno bath, bathing
   stanza da bagno bathroom
baia bay
balcone balcony
ballare to dance
bambino baby
banconota bill
barba beard
basso low
bastare to be enough
bastone *(m.)* stick
bastoncino short stick
battere to beat
bello beautiful, handsome, fine
bene well
   sta bene all right
   va bene all right
benedire to bless
beneducato well-bred
benessere *(m.)* well-being
beninteso of course
benpensante *(m.)* well-thinking person
benvenuto welcome
benvoluto well-liked
bere to drink
bianco white
bicchiere *(m.)* glass
biglietto card, ticket

bisogno need
   aver bisogno di to need
bocca mouth
bollente boiling
borsa purse, bag
bottiglia bottle
braccio arm
brancolare to grope
breve brief
bruciare to burn
brutto ugly
bugia lie
buono good
   buon giorno good morning
   con le buone gently
burro butter
bussare to knock

C

cacciare to hunt
cadere to fall
caffè *(m.)* coffee, café
cagnolino puppy
calcio kick; soccer
caldo warm
   fa caldo it's warm
calmare to calm
calzolaio shoemaker
cambiare to change
camera da letto bedroom
cameriere *(m.)* waiter
camminare to walk
campagna countryside
cancellare to erase
candela candle
cane *(m.)* dog
cantare to sing
canzone song
cappello hat
capire *(capisco)* to understand
capo item
carne *(f.)* meat
caro dear; expensive
carta paper
   mazzo di carte deck of cards
casa house
catena chain
cattivo bad
cauto cautious
cavaliere *(m.)* rider
cavallo horse
cellulare cellular phone
cena supper

cenare to have dinner
cento one hundred
centro center
cercare to look for
certamente certainly
certo certain, sure
che *(conj.)* that
che *(pron.)* who, whom, that, which,
    what, what a
chi who, one who, a person who
   chi? who? whom?
chiacchierare to chat, to talk
chiamare to call, call on
   mi chiamo my name is
chiaro clear
chiaramente clearly
chiasso racket, lots of noise
chiedere to ask
chiesa church
chilometro kilometer
chitarra guitar
chiudere to close, turn off, shut
chiusura closing
   ora di chiusura closing time
ci *(adv.)* here, there, in it
   c'è there is
   ci sono there are
ci *(pron.)* us, to us, ourselves,
   to ourselves
ciao hello, goodbye
ciarlatano quack
cibo food
cielo sky, heaven
cima top, summit
cinema *(m.)* cinema, movie
cinquanta fifty
cinquantina about fifty
cioccolata chocolate
cipolla onion
circa about, around, nearly
città city
cittadina small city
classe *(f.)* class
clima *(m.)* climate
coda tail
colazione *(f.)* breakfast, lunch
   fare colazione to have breakfast
   prima colazione breakfast
collina hill
colore *(m.)* color
colpire to hit
colpo hit, blow
   fare colpo to impress

come as, just as, like, how
   come sta? how are you?
   com'è bello! how beautiful it is!
   come va? how are you?
cominciare to begin, start
comizio meeting
commerciante *(m.)* dealer
comodo comfortable
compito homework, assignment
comporre *(compongo)* to compose
comportarsi to behave
composizione composer
comprare to buy
con with
condizione *(f.)* condition
confuso confused
coniare to coin, to mint
conoscere to know, to meet
consigliare to advise
consultare to consult
contadino peasant
contare to count
contare di to plan
continuare to continue
continuazione continuation
   in continuazione continually
contorno outline
   carne con contorni meat and
   vegetables
conversazione conversation
coprire to cover
coraggio courage
coraggioso brave
coricarsi *(mi corico)* to lie down,
   to go to bed
corpo body
correre to run
   di corsa at a run
correggere to correct
corriera coach, bus
corruccia to be angered
corsa run
   essere di corsa to be in a rush
corteo procession
cortesia kindness, politeness
cortile backyard
corto short
   essere a corto to be short of
cosa thing, matter
   che cosa? What?
così so, thus
costume *(m.)* costume
cravatta tie

crema protettiva suntan lotion
credere to believe, think
criticare to criticize
crudele cruel
cucina kitchen, cuisine
cucinare to cook
cugino cousin
cuoco cook
cuore heart
curioso curious

D

da from, by, to, for
dà (pres. of *dare*) gives
dagli da + gli
dai da + i
dal da + il
dall' da + l'
dalla da + la
dale da + le
dallo da + lo
danneggiare to damage
danno damage
dare to give
davanti *(adv. & prep.)* before,
  in front of
decidere to decide
dedicarsi to dedicate oneself,
  to spend time
degli di + gli
dei di + i
del di + il
delizioso delicious
dell' di + l'
della di + la
delle di + le
dello di + lo
deluso disappointed
democrazia democracy
denaro money
dente *(m.)* tooth
dentista *(m.)* dentist
dentro *(adv. & prep.)* inside
desiderare *(di)* to desire, wish
destro right
  a destra to the right
di of
  di + *def. art.* some
dicembre December
dietro *(adv. & prep.)* behind
differente different
differenza difference
difficile difficult

diffondersi to become popular
dimenticare to forget
dire *(dico)* to say, to tell
disgrazia bad luck
distinto distinct
  avere l'aria . . . to look
  distinguished
distruggere to destroy
diventare to become
diverso different
divertire to amuse
dodici twelve
dogana customs
dolce sweet
domanda question
domandare *(a)* to ask (of),
  to ask for
domani tomorrow
domenica Sunday
donna woman
dopo *(di)* after
  dopo poco a little later
dopodomani the day after
  tomorrow
dormire to sleep
dottore *(m.)* doctor
dove where
dovere *(devo)* to have to
dozzina dozen
due two
  tutt'e due both
duomo cathedral
durante during

E

e, ed and
ebbene well
ecco here is, here are
educazione *(f.)* manners
elegante elegant
eleganza elegance
elemosina alms, charity
elenco list
  elenco telefonico phone book
elettricità electricity
elettrico electric
emettere to issue
entrare in to enter
eruzione *(f.)* eruption
esame exam
esaminare to examine
esasperato irritated
esausto exhausted

esclamare to exclaim
esempio example
esibizionista show-off
esitare to hesitate
essere to be
   essere in ritardo to be late
estate summer
estraneo stranger
estinto extinguished
estremista extremist
Europa Europe
europeo European
evidentemente evidently

F

fa ago
   poco fa a short time ago
faccia face
facile easy
facilmente easily
fagiolo bean
falso false
fame *(f.)* hunger
   avere fame to be hungry
famiglia family
famoso famous
fare *(faccio)* to do, to make
farmacia pharmacy
farmacista *(m. & f.)* druggist
fastidio trouble
   dare fastidio to bother
favore *(m.)* favor
   per favore please
favorevole favorable
fede *(f.)* faith, trust
febbraio February
felice happy
femminile female
fermare to stop
fermarsi to stay
feroce fierce
festa feast, holiday
festeggiare to celebrate
festivo festive
   giorno festivo holiday
fiatare to breathe
fiato breath
fidanzarsi *(mi fidanzo)* to get
   engaged
fidanzato financé
fiducia faith
figlia daughter
figlio son

finalmente finally
fine *(f.)* end
finestra window
finire *(finisco)* to finish
fino until
fiore *(m.)* flower
fondato founded
fondo bottom
formaggio cheese
fornaio baker
fornello stove
forno oven
forse perhaps
forte strong
fortuna fortune
fortunato fortunate
fra between, among
francobollo stamp
fratello brother
freddo cold
fa freddo it's cold
frequentare to frequent
fretta haste
   aver fretta to be in a hurry
frutta fruit
fumo smoke
funebre funeral
furioso furious

G

gatto cat
gelato frozen, ice cream
genitore *(m.)* parent
gennaio January
gente *(f.)* people
gentile kind
geometria geometry
gesso chalk
già already
giallo yellow
ginnasio high school
giocare to play
gioco game
   stare al gioco to play along
gioia joy
gioielli jewels
giornale *(m.)* newspaper
giorno day
giovane young
giovedì Thursday
girare to turn, to go around
giù down
giugno June

giusto just
goccia drop
gola ravine
gomma tire
gomma a terra flat tire
governo government
grande large, big
grazie thanks
gridare to shout
grosso bulky
guardare to look, to look at
guerra war
gusto taste
gustoso tasty

I

idea idea
ieri yesterday
ignoranza ignorance
ignoto unknown
imbrunire dusk
  all'imbrunire at dusk
imitare to imitate
immaginare to imagine
immediatamente immediately
imparare to learn
impassibile undisturbed
impaziente impatient
implicazione implication
importante important
importanza importance
incidente (m.) accident
incontrare to meet
incoraggiare to encourage
incredibile unbelievable
indicare to point at
indietro behind
  andare indietro to go backwards
indipendente independent
indossare to wear
infarto heart attack
infatti in fact
infermiera nurse
ingannare to cheat
inganno deception
ingegnere (m.) engineer
Inghilterra England
inglese English
innocente innocent
insinuazione (f.) insinuation
intanto meanwhile, meantime
intelligente intelligent
intenzione (f.) intention

interrompere to interrupt
interessante interesting
interressarsi (m'interesso)
  to be interested
intorno (adv. & prep.) around
invece instead, on the other hand,
  on the contrary
invitare to invite
invitato guest
invito invitation
irritato annoyed, irritated
isola island
Italia Italy
italiano Italian

L

lacrima tear
ladro thief
lago lake
lamentarsi to complain
largo wide, broad
lasciare to leave
latte (m.) milk
lavagna blackboard
lavare to wash
lavorare to work
  lavorare sodo to work hard
leggere to read
leggenda legend
legno wood
legume (m.) legume
lento slow
leone (m.) lion
lettera letter
letteratura literature
letto bed
letto (past. part. of leggere) read
lettura reading
lezione (f.) lesson
lì (adv.) there
libero free
libraio bookseller
libreria bookcase, bookshop
liceo state secondary school
lingua tongue, language
logica logic
lontano far, far away, distant
luce (f.) light
luglio July
lume (m.) light, lamp
luna moon
lunedì Monday
lungo long

M

ma but
macchina machine, car
macellaio butcher
madre *(f.)* mother
maestro, maestra teacher
magazzino department store
maggio May
maggiore major, elder
magnifico magnificent
mai never, ever
male badly
  far male to hurt
mamma mother
manciata handful
mandare to send
mandolino mandolin
mangiare to eat
mano hand
marciapiede sidewalk
mare *(m.)* sea
marito husband
martedì Tuesday
marzo March
matematica mathematics
material subject
matrimonio wedding
mattina morning
mattiniero early-rising person
medicina medicine
medico physician, doctor
meglio better, best
mendicante *(m.)* beggar
meno less, minus
mentire to lie
mentre while
menzionare to mention
meraviglia wonder, marvel
mercato market
  a buon mercato cheap
mercoledì Wednesday
meritare to deserve
mese *(m.)* month
meta goal
metro meter
mettere to place, put
  mettersi to start
metropolitana subway
mezzanotte midnight
mezzo half, a half
mezzogiorno noon, midday
migliorare to improve
migliore better, best

minimo minimum
minuto minute
mischiare to mix
mobilia furniture
modo manner, way
moglie *(f.)* wife
moltiplicarsi to multiply,
  to increase
molto *(adj.)* much, many, a great
  deal of
molto *(adv.)* very, quite, a
  great deal
momento moment
monarchia monarchy
monello scalawag, scoundrel
moneta coin, money
mondo world
montagna mountain
monumento monument
morbido soft
morire to die
mostrare to show, point out
motorino scooter
movimento movement
muovere to move
musica music
musicista *(m.)* musician

N

nascere to be born
naso nose
natura nature
naturalmente naturally, of course
nazione *(f.)* nation
ne *(pron.)* of it, of them, about it,
  about them
negare to deny
negli in + gli
negozio store, shop
nei in + i
nel in + il
nell' in + l'
nella in + la
nelle in + le
nello in + lo
nero black
nervoso nervous
nessuno nobody, not any
niente nothing
nipote nephew, niece, grandson,
  granddaughter, grandchild
noia weariness, boredom
nome *(m.)* name

nominare to name
nonna grandmother
nonno grandfather
nostro our, ours
notare to note
notizia news
notte (f.) night
notturno nocturnal
novembre November
nozze wedding
nube (f.) cloud
nulla nothing
nuovo new
nuvola cloud

O

o or
occhio eye
occupare to occupy
offrire to offer
oggi today
ogni every
ognuno everyone, each one
operazione (f.) operation
opportunità opportunity
ora (adv.) now
ora (noun) hour
orecchio ear
organizzare to organize,
    to arrange
oro gold
orologio watch
orribile horrible
orrore (m.) horror
oscuro dark
ospite (m.) guest
osservare to observe
ottenere to obtain, to receive
ottimo excellent
otto eight
ottobre October

P

pace (f.) peace
padella frying pan
padre father
pagare to pay
paglia straw
palla ball
pallacanestro basketball
pane bread
panettiere baker
pantaloni trousers

papà dad
parentesi (f.) parenthesis
parere to seem
parlare to speak
parola word
parte (f.) part
partire to depart, to leave
partita game
partito party (political)
passaggio passage
passare to pass
passatempo pastime, hobby
passeggiata walk, ride
    fare una passegiata to take
    a walk
passo step
    fare quattro passi to go for a stroll
    passo dopo passo step by step
passeggero passenger
patata potato
patria fatherland
paura fear
    avere paura to be afraid
paziente patient
pazienza patience
peccato sin
    che peccato! too bad!
pensare to think
pensione boarding house
pentola pot
pepe pepper
per (conj.) in order to
per (prep.) for, because
perciò so, therefore
perché why, because
perdere to lose
pericolo danger
permettere to allow, to permit
però however
perplesso perplexed
persona person
pesce fish
pezzo piece
piacere pleasure
per piacere please
piacere to please
    Le piace you (formal) like
    mi piace I like
piangere to cry
piano (adv.) slowly
piano (noun) floor
piatto dish
    piatto forte main course

piazza square
piccolo small
piede *(m.)* foot
pieno full
pisello pea
pisolino nap
più more
poco, po' little *(pl.)* few
poi then, afterward
pollo chicken
poltrona armchair
pomeridiano in the afternoon
pomeriggio afternoon
pompiere fireman
popolo people
porta door
portare to carry, to bring
porto harbor
portone *(m.)* front door
posto place
potere *(posso)* to be able
povero poor
pranzare to eat lunch, dinner
pranzo lunch, dinner
   sala da pranzo dining room
pratico practical
preghiera prayer
preferire *(preferisco)* to prefer
prego! please, don't mention it
prendere to take
preoccupare to worry
preoccuparsi to be worried
preparare to prepare
prepararsi to get ready
presentare to present
presente present
pressappoco about
presto soon
prezzo price
prigione *(f.)* prison
prima *(di)* before
primavera Spring
primo first
   sulle prime at the beginning
principio beginning
probabile probable
processione *(f.)* procession
professore *(m.)* professor
profondo deep
promettere to promise
promosso passed on to next
   grade level *(at school)*
pronto ready

proprietario owner
proprio *(adj.)* own
proprio *(adv.)* just
proteggere to protect
protezione *(f.)* protection
proverbio proverb
provincia province
pubblicità advertisement, advertising
pulire *(pulisco)* to clean
punto dot, period
   in punto on the dot
   in . . . di piedi on tiptoe
pure also
purtroppo unfortunately

Q

qua here
quaderno exercise book
quadrato square
qualche some
quale what, which
qualcuno someone
qualità quality
quando when
quantità quantity
quanto how much, how
   many
quarto fourth, quarter
quello, quella that, that one
questione matter
questo this
qui here

R

raccomandare to recommend
raccontare to relate, to tell
racconto story
radersi to shave
ragazza girl, child
ragazzino little boy
ragazzo boy, child
raggio ray
ragiungere to reach, to arrive, to get
ragione *(f.)* reason
rallegrarsi to become happy
rattristarsi to become sad
re *(m.)* king
recensione review
recitare to recite, act
regalare to give a gift
regalo gift
regina queen
regnare to reign

restare to remain
ribattere to reply
ricco rich
ridere to laugh
riempire to fill up
rientrare to reenter
rimanere to remain, to stay
rinfresco refreshments
ringraziare to thank
ripetere to repeat
riposarsi *(mi riposo)* to rest
riposo rest
riscaldare to warm
riscaldarsi *(mi riscaldo)* to get
  warm
riso laugh, laughter
rispondere to answer
risposta answer, reply
ristorante *(m.)* restaurant
ritornare to return
riuscire *(riesco)* to succeed
rivedere to see again, to meet again
rubare to steal
rumore *(m.)* noise

S

sa *(irr. pres. of* **sapere***)* knows
sabato Saturday
sacco bag
sala hall
  sala d'aspetto waiting room
sale *(m.)* salt
salato salty
  prezzi salatissimi very
  expensive
salotto living room, parlor
saltare to jump
saltare all'occhio to attract
  attention
salutare to greet
salute! bless you!
saluto greeting
sano healthy
sapere *(so)* to know a thing or
  a fact
saporito tasty
sarcasticamente sarcastically
sarto tailor
sbagliarsi to be mistaken
sbaglio mistake
scacchi chess
scala stairs
scaltro astute
scambiare to exchange

scappare to escape, to run away
scarpa shoe
scatola box
scavo excavation
scegliere to choose, to select
scendere to descend, go down,
  step down
schermo screen
sciare to ski
scienza science
scienzato scientist
sciocco fool
sconosciuto stranger
scontento dissatisfied
scorso run out, past, last
scortese rude, impolite
scrivere to write
scuola school
scusare to excuse
se if, whether
sebbene although
sé, sé stesso himself, herself, itself,
  themselves
seccato annoyed
secondo second
segreto secret
  mantenere il segreto to keep a
  secret
seguente following
seguire to follow
semplice simple
sempre always
sentire to feel, hear, listen
senza without
separare to separate, to divide
sera evening
servire to serve
servitore *(m.)* waiter
seta silk
sete *(f.)* thirst
  avere sete to be thirsty
settembre September
settimana week
severo severe
sfavorevole unfavorable
sfiducia distrust
sforzo effort
sì yes
siamo we are
siccome as, since
sicuro sure, safe
signora lady, madam, Mrs.
signore gentleman, man, Mr.

silenzio silence
simpatia likeability
simpatico likeable
sincero sincere
smettere to stop
sogno dream
solamente only
sole *(m.)* sun, sunlight
solito usual
  di solito usually
sollievo relief
  tirare un sospiro di sollievo
    to breath a sigh of relief
solo alone
soltanto only
sommare to add
sonno sleep
  avere sonno to be sleepy
sono I am, they are
sopra on, upon, above
soprattutto above all
sorella sister
sorprendere to surprise
sorpreso surprised
sorridere to smile
sorvolare to fly over
sospetto suspicious
sospiro sigh
sotto under
spagnolo Spanish
spalla shoulder
sparare to shoot
spedire *(spedisco)* to send,
  to dispatch
spendere to spend
spesa expense
spesso often
spiegare to explain
sposare to marry
sposo bridegroom
stagione season
stamani this morning
stanco tired
stanotte tonight
  la notte scorsa last night
stanza room
stare to be, to stay
stato state
  gli Stati Uniti the United States
stazione station
stella star
stesso same
stomaco stomach

stonare not to match
storia history, story
storto wrong
straniero foreign
strano strange
stretto narrow
stringere to press
  tenere stretto to hold tight, close
studente student
studiare to study
studio study
stufa stove
stupido stupid
su on, upon
subito immediately
succedere to happen
sugli su + gli
sui su + i
sul su + il
sull' su + l'
sulla su + la
sulle su + le
sullo su + lo
suolo ground
suonare to sound, to play an
  instrument
suono sound
supplicare to beg
sussurrare to whisper
svantaggio disadvantage
sveglia alarm clock
svegliare to awaken
svegliarsi to wake up
svestirsi *(mi svesto)* to undress

T

tacere to be silent
tagliare to cut
tanto so much, so many
  di tanto in tanto once in a while
tardi late
tasca pocket
tavola table
tavolo table
tazza cup
telefonare to telephone
temere to fear
tempo time, weather
tenere to keep
  tenere su la testa to hold one's
    head up
  tenere qualcuno per la mano
    to hold someone by the hand

tentare to try
terra earth, land, ground
terrazza terrace
terzo third
tesoro treasure
testa head
timido shy
tipo type
tirare to pull
toccare to touch
tono tone
torto wrong
  aver torto
Toscana Tuscany
tovaglia table cloth
tra between
tradurre to translate
trasferirsi to move, to be
  transferred
trattoria restaurant
tre three
trenta thirty
triste sad
tristezza sadness
troppo too much, too many
trovare to find
truffare to swindle
truffatore swindler
turista tourist
tutto all
  tutti everybody

U

uccello bird
ufficio office
ultimo last
umore humor
undicesimo eleventh
undici eleven
unico only, one
università university
uomo, uomini man, men
usare to use
usanza custom
uscire *(esco)* to go out
uscita exit
utile useful

V

vacanza vacation
vacca cow
vantaggio advantage
varietà variety
vaso vase
vecchio old
vedere to see
vendere to sell
venerdì Friday
venire to come
ventaglio fan
ventilazione ventilation
veramente really
verità truth
vero real, true
versare to pour
  versare lacrime to shed tears
verso toward
vestire to dress
vestirsi to get dressed
vestito dress
vetraio glazier
vetrina shop window
vetro glass
via *(adv.)* away
via *(noun)* street
vicino near
vicino *(noun)* neighbor
vincere to win
vino wine
visita visit
visto seen
voce *(f.)* voice
  ad alta voce aloud
voglia wish
volgare vulgar
volere *(voglio)* to want
  che vuol dire? what does it mean?
volta time
voto grade *(at school)*
vuoto empty

Z

zia aunt
zio uncle
zitto silent **sta zitto** keep quiet